生活因阅读而精彩

生活因阅读而精彩

职场素质培训丛书

责任，比黄金更重要

全球500强企业优秀员工素质修炼课

子建◎著

中国华侨出版社

图书在版编目(CIP)数据

责任，比黄金更重要 / 子建著. —北京：中国华侨出版社，2014.8

（职场素质培训丛书）

ISBN 978-7-5113-4846-3

Ⅰ.①责… Ⅱ.①子… Ⅲ.①责任感–通俗读物 Ⅳ.①B822.9–49

中国版本图书馆 CIP 数据核字(2014)第191311 号

责任，比黄金更重要

著　　者 / 子　建
责任编辑 / 棠　静
责任校对 / 孙　丽
经　　销 / 新华书店
开　　本 / 787 毫米×1092 毫米　1/16　印张/17　字数/268 千字
印　　刷 / 北京建泰印刷有限公司
版　　次 / 2014 年 11 月第 1 版　2016 年 3 月第 3 次印刷
书　　号 / ISBN 978-7-5113-4846-3
定　　价 / 32.00 元

中国华侨出版社　北京市朝阳区静安里 26 号通成达大厦 3 层　邮编：100028
法律顾问：陈鹰律师事务所
编辑部：(010)64443056　　64443979
发行部：(010)64443051　　传真：(010)64439708
网址：www.oveaschin.com
E-mail：oveaschin@sina.com

前 言

比尔·盖茨常对他的员工说："人可以不优秀，但不可以没有责任感。"责任感是员工成功的支点，是使公司真正走向成功的基石。如果把企业比喻成一座大厦，那么每位员工的责任感就是这座大厦的基石。责任感是企业对员工的基本要求。现在各大企业在招聘人才时，都强调要有"责任感"。

那责任感是什么呢？责任感是指对工作敢于负责、主动负责的态度。工作责任感是为完成工作而保持高度热情和付出一切努力；积极主动参与企业的各项活动，自愿做一些不属于自己职责范围内的工作；遵守集体的各项规章制度；努力实现团队的工作目标。简言之，工作责任感就是对工作的积极态度、对他人的尽力支持、对集体的无限忠诚。

一个人的责任感如何，决定着其工作质量的好坏。有了责任感，人们才会认真地思考，勤奋地工作，圆满解决问题，进而按时、按质、按量地完成任务；才能从事业出发，以工作为重，主动处理好分内与分外的相关工作，有人监督与无人监督都能主动承担责任而不推卸责任。

有责任感的人，对自己的工作会表现出积极、认真、严谨的态度。而工作态度决定着开展工作的方式、方法，决定着投入工作的精力大小，最终直接决定着工作效果的好坏。在工作中，唯有认识到自己的责任，清楚自己的职责，才能提高履行职责的能力，进而创造优秀的工作业绩。

我们无论在哪个职位，都要担负起工作的责任来。能力由责任来激发，而责任本身就是一种能力。只有对企业充满责任感，才会在企业需要的时候主动向前，维护企业的良好形象，提升企业的竞争力。这样的人在领导眼里是可靠、可以委以重任的人，一旦条件成熟，机会会留给这些有责任心的人。

对待工作，一个人是充满责任感地去完成，还是敷衍了事，这在很大程度上决定了事情的成败。所以，我们必须将责任感根植于内心，让它成为一种强烈的精神，促使自己表现得更加优秀。

1.任劳任怨地工作

有责任感的人对工作内容、工作职责有清晰而深刻的了解，能充分认识到自己的工作在组织中的重要性。为了组织目标的实现，甘愿兢兢业业、任劳任怨地工作。

2.能够对工作倾情投入

有责任感的人热爱自己的工作，能够倾情投入。他们能够不拘泥于工作本身，心怀全局，经常对工作中的问题进行思考，提出建议。

3.绝不推卸责任

有责任感的人把企业利益当作个人利益，绝对不会容忍伤害企业利益的行为和事件出现，一旦发现，会及时揭发，绝不姑息，对由于自己的过失而造成的后果也绝不推卸责任，而是勇于承担。

4.自愿做好分外工作

有责任感的人不仅会做好分内的事情，对上下游的工作也有一定的关注。他们会利用自身的岗位优势，为上下游的工作提供便利，自愿做一些本不属于自己职责范围内的工作。

5.甘愿做出"自我牺牲"

有责任感的人能够与企业共患难，能够在团队整体利益攸关的时刻，为了保证整体目标的实现，不计较个人利益得失，甚至作出"自我牺牲"。

作为一名员工，建立起负责任的观念，会让领导、同事觉得可以信任。抱着尽职尽责的态度工作，能使自己从优秀走向卓越。

目 录
CONTENTS

自动自发 / 第一章
有做主人翁的责任感，优秀就没有难度

◎ 以公司为家，是优秀者应该具备的心态 \ 001

◎ 树立主人翁意识，把公司的事当成自己的事 \ 005

◎ 主动承担，不做"按钮式"员工 \ 008

◎ 顾全大局，与企业达到双赢 \ 012

◎ 节约企业资源，其实也是为自己 \ 016

坚持实干 / 第二章
有脚踏实地的责任感，发展就没有难度

◎ 把工作落到实处，实现自身价值 \ 019

◎ 简单的事情不是累赘，而是机会 \ 023

◎ 肯"吃亏"的人，是有责任感的智者 \ 026

◎ 把小事做到极致就是创新 \ 029

◎ 专注于工作，增强核心竞争力 \ 033

第三章 ／ 创造成果
有寻求成果的责任感，业绩就没有难度

◎ 忙而有效，需要弄清真正的目标 ＼038

◎ 工作业绩为零，就是不负责任的员工 ＼042

◎ 对结果负责到底，才是真正的负责 ＼045

◎ 为取得成果而"忙"，不做无头苍蝇 ＼049

◎ 解决问题，上交成果 ＼053

第四章 ／ 立即行动
有马上去做的责任感，收获就没有难度

◎ 行动力就是竞争力 ＼057

◎ 在你"干等"的时候，机遇已悄悄溜走 ＼060

◎ 成功不在于"知道"，而在于"做到" ＼064

◎ 行动要一鼓作气，争取胜利 ＼067

◎ 成功没有侥幸，实干决定命运 ＼071

勇于承担 / 第五章
有承担任务的责任感，工作就没有难度

◎ 借口无论高明或笨拙，后果只有一个　\ 075

◎ 勇于承担，与公司共渡难关　\ 079

◎ 抱怨是给自己挖的坑，不小心就会陷入其中　\ 083

◎ 及时改正错误，将"污点"变为"亮点"　\ 087

◎ 担负的责任愈大，收获就会愈多　\ 091

攻克难关 / 第六章
有解决问题的责任感，攻关就没有难度

◎ 积极想办法，做个"问题终结者"　\ 095

◎ 用新方法解决老问题是明智之举　\ 099

◎ 解决问题，需抓住关键点　\ 103

◎ 能解决问题就是好方法　\ 106

◎ 工作时要懂得巧干　\ 109

第七章 ／ 注重细节

有追求细节的责任感，突破就没有难度

◎ 对细节负责，改变事情的结果　＼114

◎ 小节伤大雅，甚至影响成败　＼116

◎ 没有孤零零的责任，小事影响大事的效果　＼120

◎ 赢得客户认可，需要服务细节化　＼124

◎ 总是"差不多"，最终就会"差很多"　＼128

第八章 ／ 忠于职守

有尽心尽力的责任感，信任就没有难度

◎ 忠诚犹如树根，有根才有果　＼132

◎ 保守公司秘密，是最基本的职业道德　＼136

◎ 忠诚度越高，离"赏识"越近　＼140

◎ 忠诚不是空话，它需要敬业精神做支撑　＼144

◎ 忠于职守，能在平凡中孕育出非凡　＼148

心怀感恩／第九章

有感恩他人的责任感，出色就没有难度

◎ 培养感恩心态，充满热情地工作　＼152

◎ 感谢竞争对手激发你大显身手　＼156

◎ 感谢同事，会得到更多帮助　＼160

◎ 感恩他人，反省自身　＼163

借力协作／第十章

有取长补短的责任感，协作就没有难度

◎ 不要"凡事自己来"，独行侠是种悲哀　＼167

◎ 智者融入团队，借力完善自己　＼171

◎ 团结协作，为自己的成功插上翅膀　＼173

◎ 学会分享，必然有人为你分担　＼176

◎ 取长补短，促进职业生涯的发展　＼180

◎ 自我充电，不做团队中的"短板"　＼184

第十一章 ／ 智慧创新
有积极动脑的责任感，创新就没有难度

◎ 只要肯想，办法肯定有 ＼ 188

◎ 化繁为简，有效解决问题 ＼ 191

◎ 突破常规思维，你就是赢家 ＼ 195

◎ 好的创意，能开辟新局面 ＼ 198

◎ 解放思想，不走寻常路 ＼ 201

第十二章 ／ 快速执行
有分秒必争的责任感，效率就没有难度

◎ 快速执行力就是制胜的"武器" ＼ 205

◎ 要干成事情，不限定时间不行 ＼ 208

◎ 拖延是高效执行的最大敌人 ＼ 211

◎ 快一步则处处是路，慢一步则万劫不复 ＼ 215

◎ 执行快一点，成功就近一步 ＼ 219

执行到位 ／ 第十三章
有不折不扣的责任感，成功就没有难度

◎ 把口号变成业绩，离不开执行　\ 223

◎ 执行不到位，工作犹如"打水漂"　\ 226

◎ 完美的执行需要善始善终，不能虎头蛇尾　\ 228

◎ 第一次就把工作做好，避免不必要的操劳　\ 232

追求卓越 ／ 第十四章
有精益求精的责任感，超越就没有难度

◎ 1%的差距不是一步之遥，而是天壤之别　\ 237

◎ 做些分外工作，会有意外收获　\ 241

◎ 超过上级的期望，你绝对不会失望　\ 245

◎ 精益求精，把"差不多"丢进垃圾桶　\ 248

◎ 把工作做到最好，你就无可取代　\ 252

第一章 / 自动自发
有做主人翁的责任感，优秀就没有难度

对于员工来说，树立主人翁意识非常重要。如果具备了主人翁意识，就会抱着与公司共存亡的责任感认真努力地工作，用百分之百的热情去对待企业中的一切事情。如果能时时处处以主人翁精神对待工作，那么工作效率必然会显著提高，最终能使自己创造出优秀的业绩。

◎ 以公司为家，是优秀者应该具备的心态 ◎

优秀者总是处处维护公司的利益，真正把公司的命运同个人的发展结合起来，实现公司和个人的共赢。

很多人把公司当成自己工作的一个场所，就像一个生产车间或者作坊，完成了工作以后就匆匆离去，毫不留恋。他们觉得公司就是一个临时的落脚点，自己只是一个过客而已，公司的好与坏与自己无关，大不了跳槽去别的单位。可惜，怀有这种心态的人不管到了哪儿，都不会有好的发展，因为他们没有把公司当成自己的"家"。

其实，每一个优秀的员工都不会仅仅把公司当作出卖劳动力换取薪水的地方。他们总是把公司当作自己的家，处处维护公司的利益和荣誉，为公司遭遇的困难出谋划策，为公司的成长欢呼雀跃，在工作中勇于承担责任，当仁不让地去处理工作中遇到的各种难题，真正把公司的命运跟个人的发展结合起来，实现公司和个人的共赢。

一位年轻的电气工程师，在某大型公司的售后服务部门工作。一个周末的早上，他到一家商城购物，路过电器专柜的时候，无意中听到有人抱怨他所任职的公司的产品质量有问题。那个人越说越起劲，结果有不少人都围过来听他讲。

当时这位工程师正在休假，他是来陪妻子逛街购物的。他本来可以对这件事置若罔闻，自顾自地继续他的休闲生活，没有人会要求他做些什么。但是他对公司有着很强的责任心，对公司的利益非常关心。于是，他走上前去说了声抱歉，然后告诉那位大发牢骚的顾客，自己就在那家被他抱怨的公司工作，希望了解一下他对产品不满意的原因，并且请求这位顾客给他们公司一个机会来改善这种状况。最后他保证，他们公司一定可以解决这位顾客的问题。

在场的人都非常惊讶，因为这位工程师当时并没有穿公司的制服，他同自己的妻子也是来购物的。众人看着他掏出手机给公司打电话，请公司立即派出修理人员到那位顾客的家中去帮他解决问题，直到他满意为止。

后来，这位工程师还打电话给那位顾客做回访，询问顾客对自己公司的服务够不够满意，还有没有需要改进的地方，并对这位顾客再三表示了歉意。结果，这位顾客后来成了他们公司的义务宣传员。这位工程师也受到了公司负责人的高度赞扬，并号召公司全体员工向他学习。

这位工程师没有像某些员工一样，对公司利益漠不关心，在公司里就按部就班地干活，出了公司大门就跟公司无关了，不是自己职责范围内的事绝对不管；而是不论何时，都站在公司的立场上，把公司当成自己的家，把公司的利益当成自己的利益，时时处处为公司着想，而不是置身事外，他是以高度的责任心对待自己的工作和公司的。这种责任感，不仅是公司的宝贵资源，更是他自己一生受用不尽的宝藏。每一位员工都应该像这位工程师一样时刻都应把公司的事当作自己的事，责任面前不要采取观望态度。

任何一个公司，其实就是一个大家庭。老板就像家长，负责指引整个家庭的发展方向，每一位员工都为这个大家庭贡献自己的力量。如果是在真正的家庭里，每个人都会尽心尽力，但是在公司这个"家庭"里，往往有个别员工存在着错误观念，他们认为公司跟自己的关系没有这么密切，哪怕公司垮了对自己的影响也有限，大不了换个工作罢了。

这种观念是错误的。公司就是员工的家，真正优秀的员工应当在责任与薪水之间更加看重责任，把公司的事当作自己的事，处处维护公司的利益。有了这种意识，员工自然就会具有一种发自内心的力量和无限的动力，遇到问题就不会拖延找借口，也不会抱怨不断，而是积极主动地做好每一件工作。而当员工完美地将工作完成时，自然也就不愁升职、加薪的日子会遥遥无期了。

职场中的每一个人都想事业有成，公司就是实现这个理想的平台。有些人在工作中脚踏实地，每走一步都能留下自己的足迹，每天都在成长；而有些人却由于各种原因，总是与公司离心离德，始终不肯把自己安稳地放在这个"大家庭"里。久而久之，自己就会成为这个团队的"外人"，这对公司和个人的发展都很不利。

"公司就是自己的家"不只是一句简单的口号，而是每一位有责任感的员工的自我意识所产生的归属感的表达。对于期待事业有长远发展的人来说，更应当把公司看成一个自身生存和个人发展的平台，珍惜工作本身带给自己的除薪水之外的经验、技能等各种报酬。无论薪水高低，在工作中都要尽职尽责、积极进取，做到以公司为家，这才是事业成功者应该具备的心态。

员工只有对任职的公司产生责任感和归属感，才能激发自己的热情，认真、踏实地投入工作中，兢兢业业，最终实现自己的职业理想。

上汽集团的总裁胡茂元，从 17 岁作为一名学徒进入工厂开始，一直把单位当成自己的家，在这个公司效力了 40 多年。正是这种对公司的责任感和归属感促使胡茂元为公司奉献一生的力量，也实现了个人的价值，获得了令人羡慕的成功。

反观那些把公司仅仅当成赚钱场所的人，那些无视自己岗位责任的人，永远都只能成为公司长远发展历程中的一个匆匆过客，分享不到公司发展给个人带来的巨大收益。因为这样的员工对公司没有归属感，不能尽善尽美地完成工作，也就丧失了获得成长的机会。这类员工无论在哪一家公司工作，都无法出人头地，甚至很可能会被淘汰，永远也不会实现自己的人生价值。

如果员工愿意成为公司这个大家庭的一员，就需要把主人翁的心态持之以恒地贯彻到一切工作当中，真正把自己当作这个集体中的一员，抱着"公司兴亡，匹夫有责"的责任感和使命感投入工作。把公司当成自己的家，公司就会像家庭一样给你最丰厚、最温暖的回报。

◎ 树立主人翁意识，把公司的事当成自己的事 ◎

把自己的工作当作事业，在工作中尽职尽责，每天都要反省自己：我今天是否付出了全部的精力和智慧？

工作中，我们经常会发现：有些早出晚归的员工对待工作的态度不认真；那些忙忙碌碌的员工最后却没有完成自己的工作；每天按时打卡、上班从不迟到的员工却被批评没有责任心。从表面上来看，这些员工都属于遵守纪律、循规蹈矩的员工，但他们却缺少了对工作的热情和责任感。在他们的眼中，每天的工作可能就是一种负担，工作的过程中也总想敷衍了事，"当一天和尚撞一天钟"。

美国钢铁大王卡内基曾经说过："无论在什么地方工作、做什么，都不应该只把自己当作为公司创造利润的员工，而应该把自己当成公司的老板，这样的员工才是优秀的员工。"

一名有责任心的员工，一名优秀的员工，他懂得"一荣俱荣，一损俱损"的道理。无论走到哪里，他都会全身心地融入公司，奉献自己的忠诚和责任，甚至比老板还要投入地工作，不断地打造自己，直到成为一名优秀的、有责任心的员工。

小李和他弟弟在广州的一个码头上工作，他们主要负责给一家工厂缝补篷布。小李年长，能吃苦耐劳，工作兢兢业业，从来没有抱怨过。每当他看到其他员工随手丢的碎布时，他总会捡起来，进行二次利用，或者当废品卖掉，把钱放入公司的募捐箱。对此很多人总跟他开玩笑："小李，今天捡了多少布？你为公司多赚多少钱啊？"对此小李从不理会，他只是感觉应该为工厂考虑。

一天夜里，所有的员工都沉睡在美梦中，天空突然电闪雷鸣，刮起了大风，下起了大雨。小李被雨声惊醒了，拿起手电筒就冲进了风雨中，这时候弟弟劝他："你傻啊，公司又不是咱们的，你管那些干吗？赶紧睡觉吧。"小李不理会弟弟，他查看了一个又一个篷布，并逐个进行加固。

这时候，老板也过来了，看到有一个被雨水打湿的人影在加固篷布，于是就问是谁，最后才知道原来是一个普通员工。小李的这一举动保住了工厂的货物，老板非常感动，最后决定给小李加薪、升职。

小李的弟弟听说哥哥要升职，于是就跑去找小李："哥，你都升职了，给我个好点儿的工作做吧，这份工作太累了。"小李一口否决："你的责任心不够，不行，你不会把工厂的事情当成自己的事情。"小李的弟弟听到这些话气急败坏地骂道："还是亲兄弟呢！太没有良心了。"最后小李说道："要知道，只有把工厂的事情当成自己的事情，用老板的心态来面对工作，你才能够把工作做好，才称得上有良心。"

3年时间里，小李一再升职，最后成了这家公司的董事长，而他的弟弟却还在那个码头上缝补篷布。

每一位企业老板都希望自己的员工能够像小李一样，把自己的工作当成事业，把公司当成自己的公司。每一名优秀的员工都会将自己的工作当作自己的事业一样，在工作过程中尽职尽责。他们每天都会反省自己：我今天是否付出了全部的精力和智慧，我对今天的工作满意吗？

正是这样的问题让他们不断地查漏补缺、提升自己，成为一名真正优秀的员工。当他们正考虑一项困难的决策，或者为某件自己不喜欢的事情找逃避的借口时，他们总会很严肃地问自己："如果我是这家公司的老板，我还会逃避这些困难吗？"最终他们都会很负责任地勇敢面对。

某一年圣诞节，集团里所有的员工都陆陆续续地离开公司，回家过圣诞节了，但王旭却始终没有离开。老板回公司时看见有人在车间的场地上，便上前问："你是谁？怎么没有回家和家人一起过圣诞节？在公司干什么？"他并不认识老板，于是防贼似的反问："我是这公司里的员工，你是谁？我们公司放假了，请你马上离开这里。"

老板对此很震惊："我是这家公司的老板，你为什么还没有离开？"王旭这时不知所措，为刚才的无礼深感抱歉，最后王旭说出了自己没有离开的原因。原来在员工陆续离开之后，王旭发现公司有一批货物没有放入库房，因为不放心，所以决定留下来看守。

对此老板不解地问："那你为何不打电话告诉相关部门的工作人员呢？让他们来做这件事情就可以了。"他说："我想，人都已经走了，再打电话让他们回来把这些货物搬到库房，圣诞节都已经过去了啊！倒不如我自己一个人不过节，让他们开开心心地过。"

这件事情让王旭在老板的心中留下了深刻的印象：一个员工对自己职责外的事情都可以这么负责，可见他是一个很忠诚且富有责任心的年轻人，定可以委以重任。

于是，圣诞节后，王旭被提升为公司后勤主管。

作为员工，你是工作的直接执行者，你要时刻记住这是属于你的责任，这是你每天必须要完成的责任。既然我们每个月都能拿到报酬，我们就应该认真地问问自己：自己的工作是否对得起这份报酬？而只有这样，时时鞭策自己，我们才能比老板更投入地工作，我们才能成为真正的优秀员工。

◎ 主动承担，不做"按钮式"员工 ◎

我们要想在职场上顺利发展，那么在责任面前就不要置身事外。有些事情需要我们自动自觉地去做，不要只听吩咐行事。

有些人在工作中就像是小孩子玩的木偶，"拨一拨转一转，不拨绝对不转"。这些人有的是因为懒惰成性，得过且过，不愿意多付出一点儿劳动；有的是因为害怕做得不好会被批评，抱着"不求有功，但求无过"的想法；还有的人是觉得公司的兴衰与自己没多大关系，事不关己，高高挂起。这些想法和行为，都是没有责任心和没有担当的表现。

公司给个人的职场发展提供了一个舞台，在这个舞台上如何表演很大程度上取决于自己，老板只能指出一个前进的方向，职场人生的最终走向还是要靠自己决定。如果事事都被动地等待老板的吩咐，不敢主动承担一点责任，那么供你表演的舞台就会越来越小，最终你就会沦为配角或者看客，失去你的位置。要想在职场上获得更大的空间，那么我们在责任面前就不要置身事外。有些事情需要我们自动自觉地去做，不要一切工作都等着老板交代。

艾伦是某手机公司成千上万员工中的一名。入职以来，他一直在手机研发部负责设计和改进手机机型的工作。

　　每天，艾伦都机械地完成主管安排给他的任务，按部就班地过着日子。过了一段时间，艾伦觉得自己一点工作主动性都没有，每天做完主管安排的工作以后就无事可做，有时甚至会剩下半天的闲暇时间。他觉得这样浪费时间很不负责任，于是他想给自己另外找些工作来做。

　　一位同事了解了艾伦的想法后，劝他说："现在我们的手机已经是世界著名品牌了，不管是技术性能，还是外观形象，都已经达到了一定的高度，要想再有一个质的飞跃是很难的。况且，公司又没有给我们安排新的设计任务，你又何必做费力不讨好的事情呢?"

　　虽然同事说得有些道理，但艾伦每日里除了完成公司下达的任务以外，总是主动而努力地做些工作。他满脑子考虑的都是如何做出一个新的设计，再让手机有一个质的飞跃，以便符合消费者的需求。

　　艾伦经过认真的考察发现，当时几乎所有的时尚男女都佩戴着手机、一次性相机和袖珍耳机，于是他万分惊喜，立即按照这种想法研制具有拍摄和收听音乐功能的手机。很快，这种手机研制成功了，它一推向市场，就大受消费者的青睐，并且很快风靡了全世界。

　　毫无疑问，艾伦的职场生涯也因此变得充实而充满成就感。

　　公司的兴衰关系到每个人的发展，不要把公司和自己割裂开来，认为公司的事情不是自己的事情，老板没有安排的工作就不是自己的工作。公司发展好了，每个员工都会受益；如果公司不幸倒闭了，那么谁都要卷铺盖走人。

对待工作应当有责任心，积极主动地投入工作中，而不是事事等待老板吩咐，被动地接受指令，变成没有老板指挥就成为"死物"的木偶。

事事等待老板交代的人，很容易成为"按钮式"员工，每天按部就班地工作，但工作时却缺乏活力，少了创新精神，仅仅满足于做好老板交代的事情，对于"分外之事"他们视若不见、充耳不闻，哪怕油瓶倒了他们也不会伸手扶一扶。这种工作方式很明显失去了人的主观能动性，把自己仅仅当成会说话的"工具"。从本质上来讲，这种消极的工作方式就是不负责任。

一天晚上，天突然下起大雨，货场里恰好有一批怕淋的货物运到，装卸工人们都又冷又累，谁都不想去盖好篷布，只有刚来的一个小伙子爬到垛上，招呼大家帮忙盖一下。工人们都说："我们是干装卸的，老板又没让干那些，货物淋了跟我们又没关系。"他们没有一个"操闲心"的。

货场的老板不放心，冒雨到来看到了这一幕。老板当时没说什么，帮着那位小伙子把篷布盖好就走了。

第二天，这帮装卸工就被辞退了。货场老板只留下了那位盖篷布的小伙子，让他担任工头，招募一批有责任心的工人。

企业团队是由每个员工组成的，企业的命运跟每一个人都密切相关，团队中的每一个成员都应该贡献自己的全部力量，责任面前不能退缩，不要再以"老板没交代"为由来逃避责任，要勇于担当。

勇于担当就能获得更多的机会。工作中，员工应该多想想"我还能为老板做些什么"，当额外的工作出现时，要把它看成锻炼自己的机会，积极主动地行动起来，尽量找机会为公司创造额外的财富。这个过程能够提升员工的个人能力和价值，让老板觉得这样的员工物超所值。升职加薪的机会来了，老板自然会首先选择积极主动、肯负责任的人来提拔。如果什么事情都需要老板来吩咐，你的职场生涯便充满了危机，这样的人肯定是提拔在后、解雇在前。

老板也是凡人，不可能事事照顾周全，尤其老板身处高位，事务繁多，方方面面都要牵扯精力，因此，有些事情他难免是看不到的。比如老板偶然漏掉了一项日常性的工作没有交代，而这又是在员工权限范围之内的，员工就应该挺身而出，主动负责起来，把这项工作做好。

主动负责地去工作不但锻炼了员工的能力，同时也为员工的个人价值的实现增添了砝码。

微软原副总裁李开复曾说："不要再只是被动地等待别人告诉你应该做什么，而是应该主动地去了解自己要做什么，并且规划它们，然后全力以赴地去完成。想想在今天世界上最成功的那些人，有几个是唯唯诺诺、等人吩咐的人？对待工作，你需要以一个母亲对孩子般那样的责任心和爱心全力投入，不断努力。果真如此，便没有什么目标是不能达到的。"记住，企业和老板只会给你提供舞台，能演出什么精彩的节目、获得多少喝彩和掌声则需要自己来排练。

责任面前，不要再置身事外，有些工作不必再等老板交代。拿出员工应有的责任心来，主动去做老板没有交代的事情，并把这些事做好，这也是锻炼自己的机会，是实现个人价值的有力保证。当然，勇于担当并不是把什么工作都往自己的身上揽，做老板没有吩咐过的工作要注意一个权限的问题。我们必须要考虑清楚自己做的事情是不是老板最需要的，公司最需要的，要在不破坏公司各种秩序的情况下，积极主动地去做额外的工作。明确哪些工作是我们不可以触碰的"雷区"，否则就有可能触及自己权限以外的事务，比如越俎代庖地插手公司的人事工作，这样就有可能触到"高压线"，受到老板的批评，进而打击我们的工作积极性，也不利于我们的职场个人发展。

◎ 顾全大局，与企业达到双赢 ◎

试着站在老板的角度去思考问题，这样我们的工作才更有前瞻性和指导性，才会成长得更快。

迈克尔·乔丹是 NBA 历史上最伟大的球员之一。他之所以伟大，并不仅仅是因为他有全面的技术和出众的个人能力，更为重要的是，他在赛场上能着眼全局，只要有利于球队的胜利，他就会毫不犹疑地去做，从不计较个人得失。可以说，正是他的这种着眼全局的精神和责任感，成就了他和芝加哥公牛队。

现代职场上，有很多员工就像球场上的某些球员一样，只想着个人得分，从而突出自己；只想着吸引老板的目光成为老板眼中的红人，而缺乏大局观和团队精神。其实，如果一个员工不顾大局，没有任何责任感，在工作中只顾表现自己，凡事都片面地从自己的角度出发，不能像老板那样着眼全局去考虑问题，那么他最终只能成为一个自私自利的人。

员工应该顾全大局，像老板一样思考问题，以团队的利益为先，不要把目光局限在自己的岗位责任上。只要有利于团队利益的事情，就要毫不迟疑地去做，哪怕自己会暂时为此吃点亏，或者受点委屈。其实从长远来看，你的超越责任的全局观，能使整个团队获得更大的成功，而团队成功是个人成功的前提和保障。

　　从某偏远山区进城打工的小姑娘王慧，由于学历不高，又没有什么特殊技能，于是选择了饭店服务员这个职业。在常人看来，这也许是一个最简单、最没有技术含量的职业，只要手脚勤快就可以了。王慧所在的饭店，有许多服务员已经在那里做了好几年，她们每天就是刷刷盘子、洗洗碗，客人来了不咸不淡地招呼一下，很少有人会认真投入这份工作。因为这看起来实在没有什么需要投入的，它也不像一份正儿八经的事业。

　　可王慧并不这么想，她一开始就表现出极大的责任感，并且把饭店当成自己经营的事业来用心工作，处处站在老板的角度想问题。她以极大的热情投入工作，半个月之后，她不但能熟悉常来的客人，而且基本了解了他们的口味。只要这些客人光顾，她总是能够迅速热情地打招呼，并且协助客人点出他们喜欢的菜品，这一点赢得了顾客们的交口称赞。显然，她也为饭店增加了不少收益，饭店的生意明显比以前红火了许多。

　　由于王慧热情周到的服务，很多顾客都成了这家饭店的回头客，他们不仅自己光顾，还经常介绍朋友们过来。有时候，王慧要同时招待几桌的客人，却依然井井有条，一点都不手忙脚乱。

　　饭店的生意日益红火，老板自然明白是谁的功劳。在老板决定开一家分店的时候，明确地提出与她合作，希望她作为分店的实际负责人，资金全部由老板出，而她将获得新店 30% 的股份。

　　现在，王慧早已不再是给老板打工的山村小姑娘，而成为了一家大型连锁餐饮企业的老板。

在现实工作中，很多员工只关注个人利益，只从个人角度考虑问题，很少能够着眼全局，用老板的眼光和思路对待工作。这样的做法其实很片面，因为把自己局限在打工仔的身份上，就会导致情绪消极，给企业和个人发展带来不利影响。想在职场上获得质的飞跃，就需要和老板进行"换位思考"，把整个企业放在自己的责任范围之内，以促进整个团队的共同发展。只有这样，才能全心全意地做好每件事。

很多人抱着"反正整个团队的事情有老板操心，我只要做好自己的事情就行了"的思想，来对待自己的工作。其实，忽略全局，只盯着自己一亩三分地的岗位责任，就脱离了整个团队，是很难做出卓越成绩的。很多情况下，我们需要和老板进行"换位思考"，试着站在老板的角度去思考问题，只有站得高才能看得远，也只有这样我们的工作才更有前瞻性和指导性，我们才会成长得更快。

着眼全局，像老板一样思考，树立这种主人翁意识，并不是说所有人都可以成为老板，而是说员工要想在职场上发展，就要把工作当成事业来做，要有大局观、团队精神。要知道，我们的工作并不是单纯地为了自己当老板，我们既是在为自己的饭碗工作，也是在为实现自己的人生价值工作。

老托马斯·沃特有一次在一个寒风凛冽、阴雨连绵的下午主持 IBM 的销售会议。老沃特在会上首先介绍了当时的销售情况，分析了市场面临的种种困难。会议从中午一直持续到黄昏，都是托马斯·沃特一个人在说，其他人则显得烦躁不安，气氛沉闷。

面对这种情况，老沃特缄默了 10 秒钟，待大家突然发现这个十分安静的情形有点不对劲的时候，他对大家说："我们缺少的是对全局的思考，别忘了，我们都是靠工作赚得薪水的，公司不仅仅是老板的，我们必须把公司的问题当成自己的问题来思考。"之后，他要求在场的人都开动脑筋，每人提出一个建议。实在没有什么建议的，可以对别人提出的问题加以归纳总结，阐述自己的看法和观点，否则不得离开会场。

结果，这次会议取得了很大的成功。员工们纷纷发言，站在老板的角度上思考问题，许多存在已久的问题被提了出来，并找到了相应的解决办法。

许多员工的态度十分明确："我是不可能永远给老板打工的。打工只是我成长的过程，当老板才是我成长的目的。"这是一种值得敬佩的创业激情，但是毫无疑问，作为一名员工，如果你不能着眼全局，不能站在老板的角度思考问题，那么当你真正做了老板的时候，你依然会欠缺这种大局观和团队精神。这些东西不是一个老板的身份能一夜之间赋予你的，而必须在你平时的工作中培养和积累。

工作中，无论你是普通员工还是高级主管，你都不可能在没有团队其他成员支持和帮助的情况下独立完成全部任务。如果你不顾大局，没有一点团队责任感，那么你只能停留在打工仔的认知水平和能力上，永远也不可能实现职场上的真正飞跃。所以，为了团队的整体利益，为了自己未来的发展，要努力培养自己的团队精神与责任感，要学会站在老板的角度上思考问题。

◎ 节约企业资源，其实也是为自己 ◎

企业与员工是利益的共同体，你的节约其实也是为自己。

身在职场，我们经常看到这种现象，很多员工认为公司实力雄厚、赢利能力很强，认为"家大业大，浪费点没什么"；还有的员工则始终抱着"事不关己，高高挂起"的心态，抱着无所谓的态度去工作。殊不知，他们的行为不仅会给自己，更会给公司带来很大的损失，他们身上缺少的不仅仅是为公司节约成本的意识，更缺少的是对工作的责任心。

一个真正有责任心的员工，无论他做什么事情，都会首先从老板的角度去思考问题，抱着老板的心态做事，处处为企业的利益着想，事事为老板省钱，切实降低经营的成本。也只有这样的员工才能够得到领导的赏识和重用，因为他们明白，一个懂得精打细算、为公司省钱的"持家型"员工才是一名优秀的员工，才能够为公司减少不必要的开支。

那些尽职尽责的优秀员工之所以时时为公司考虑，就是因为他们明白，企业与员工之间是利益上的共同体。企业兴则员工兴，企业衰则员工衰，两者相辅相成，不可分割。只有员工精打细算，使企业获得更大的价值和更多的利润时，员工才可能从企业那里获得更高的回报和鼓励。

所以身在职场，我们要懂得为公司考虑，学会精打细算，处处用心，从节约一滴水、一度电、一张纸、一滴油做起。

世界著名的汽车制造商——日本丰田公司称为业界的"抠门"企业,但就因为它的"抠门"才使其走出了一条独一无二的"经济型"发展道路。在日本丰田公司,精打细算的事例比比皆是、数不胜数。

在丰田公司内部,流传着这样一个故事:一位设计师在设计汽车门把手的时候发现,传统的汽车门把手零件太多,最终就会增加采购成本。于是,他就在传统的基础上对门把手进行了重新设计,将零件从34个减少至5个。这样一来,采购成本就减少了2/5,安装时间也节省了3/4,不但为企业节省了成本,还超越了传统,大大地提高了产品的竞争力。

很多人都知道,每个公司都会有很多内部往来信件,丰田也不例外,但它同样采取了"抠门"的策略,擅自"淘汰"了市场流通的信封,改用崭新的白纸自制成的信封。照常理说,这就够"抠门"的了,可是秘书科的一位员工更"抠门",他建议用已经用过的废纸代替崭新的白纸来做信封。但是,这位员工的极度"抠门"一年就为公司节约了10万日元的开支,这名员工最后被提拔为财务部部长。

丰田公司还有一位专管卫生的员工,他在仔细地观察了公司所有卫生间的抽水马桶后,得出了这样一个鲜为人知的结论:抽水马桶用水太浪费。他在每一个抽水马桶的贮水箱里放进3块砖头,出奇制胜地减少了出水量。

每年,丰田公司都会举办盛大的体育比赛,这个时候就需要雇人来做赛前准备。这时公司内部的员工又想:"若雇人来画跑道白线则要花费170万日元,还不如员工亲自上场,以此来省去不必要的开销。"于是,员工们纷纷主动承担起运动会跑道画线的任务,将170万日元节省了下来。

丰田公司讲求的就是处处用心，在工作的每一个细节中做到精打细算。这些精打细算的行为，虽然看似微不足道，但日积月累，量变就会产生质变，节省费用的数目也是非常可观的。

　　公司企业就是我们每天赖以生存的家庭，只有把这里当家，我们才能处处为公司考虑，才能想到自己的责任，才会想到为公司节约资源。只有这样，我们才能在职场道路中越走越远。优秀员工之所以优秀，首先就是因为他们拥有好的心态、好的思想，正因为此，他们才会沿着自己设定的职场轨迹坚定不移地走下去。

第二章 ／ 坚持实干
有脚踏实地的责任感，发展就没有难度

> 要想成长及发展，光空谈责任是不行的。要做到对工作真正负责，必须从脚踏实地开始。踏踏实实地把手头的每一件工作都做好，抛弃浮躁、摒弃幻想，一步一个脚印地往前走，何愁工作没有业绩？何愁企业没有效益？又何愁自己在职场上没有发展呢？

◎ 把工作落到实处，实现自身价值 ◎

在工作中只有把责任落到实处，踏踏实实地行动，才能真正尽到岗位职责，创造自身价值。

很多人都期待着在职场上大展拳脚，恨不得一夜之间就做出一番事业来。这种热情和理想是很好的，但是要想成功，需要我们负责任地把手头的每一件工作都踏踏实实做好，一步一个脚印地去实践自己的职业理想。

不积跬步，无以至千里；不积小流，无以成江海。自古以来，人们都强调做事要脚踏实地、知行合一。很多时候，人们都习惯把负责变成空谈，不

能脚踏实地地去做事。无论是企业的成功还是员工个人的成长，光有空想、口号或仅仅有一个负责的要求是不行的，要达成目标，要做到对工作真正负责，就必须从脚踏实地开始。

在肯德基准备进入中国市场之前，公司首先派了一位代表来中国考察市场。他来到首都北京之后，看到街道上人头攒动的热闹场面，顿时信心大增，仿佛看到了肯德基进入中国市场之后财源滚滚的美好前景。因此，他没有再去做细致的调查工作，就认定这个巨大的市场必将适合肯德基的发展。

带着这份美好的想象，他马上回到公司向上级描述了这个巨大市场的美好前景。但是，上司仔细询问了他的工作情况之后，明白了他并没有做出详细缜密的调查。因此，上司还没等听完汇报就停了他的职，而且另派了一位代表来接替他。

新代表是一个脚踏实地的人。他来到北京之后，进行了大量的实地走访。他先在几条主要街道观测了人流量，之后，他还请不同年龄、不同职业背景的人对他们公司的炸鸡进行品尝，并详细询问了他们对炸鸡的味道、价格等各方面的意见。

除了这些工作，他甚至还对貌似跟他们不相干的北京的油、面、蔬菜、肉等生活日用品进行了广泛的调查，走访了许多生产鸡饲料的厂家询问价格和销售情况，最后他将这些非常翔实的数据做成报告带回了总部。

根据这些资料，公司有针对性地制订了进军中国市场的计划，然后让这位代表带领一个团队回到北京。从此，肯德基打开了中国这个巨大的市场。

肯德基要打入中国市场，光有大口号、大志向是不够的，首先要做好前期的市场调查工作。这个工作的重要性不言而喻，可以说考察结果直接决定着公司的战略方向和经营计划。因此，脚踏实地地获得真实有效的各种数据资料就成为考察代表最重要的责任。

虽然这两位代表的任务都是考察市场，为肯德基进入中国市场提供参考资料，但是在对待自己责任时的表现却有很大差别。第一个代表只是满足于看到了表面现象，并未实实在在进行细致考察就兴高采烈地回复上司去了；而第二个代表则踏踏实实地去行动，从而圆满完成了自己的任务，做到了真正地对工作负责。

一个人在职场上到底能够走多远，能达到什么样的成就，归根结底还是要靠自己。不要迷信什么奇迹，未来就掌握在脚踏实地做事的人手中，一步一个脚印地对待自己的工作是对负责最好的注解。万里长征需要一步步去丈量，要想取得出色的成绩，要想在职场路上走得更远，我们就要脚踏实地，用负责的态度和工作成绩为我们的成功奠定基础。

有些人在工作中很有创意和能力，但是缺乏务实的精神。他们无法沉下心来做好手头的每一件事情，总是停留在纸上谈兵阶段，不能把责任实实在在地完成，尽幻想着一步登天。这样的人非常可惜，他们虽有成功的头脑和能力，却缺乏成功所必需的责任心和脚踏实地的工作态度。所以，他们的理想注定只是永远捞不起来的水中之月。

很多企业在车间或者办公室的墙壁上张贴着各种各样的口号，但是有多少员工按照这些口号的要求踏踏实实去做了呢？员工们对待工作流于形式的应付，不过是使这些口号成为一种讽刺罢了，不能踏踏实实做事的企业和员工，早晚要在竞争激烈的社会中黯然落幕。

杰克·韦尔奇是通用电气公司原董事长兼 CEO，他被誉为"最受尊敬的 CEO"、"全球第一 CEO"、"美国当代最成功、最伟大的企业家"，成为职场和商场上传奇一样的人，被许多人崇拜着。

2004 年在北京举办的"杰克·韦尔奇与中国企业高峰论坛"上，一位中国的企业家曾这样问杰克·韦尔奇："我们大家知道的都差不多，但为什么我们与你的差距那么大？"

杰克·韦尔奇的回答是："你们知道，但是我做到了。"

这个答案简单得出人意料，但却道出了成功的真谛：负责不仅需要知道自己的责任，更要脚踏实地地去做！

在工作中只有把责任落到实处，踏踏实实地用实际行动把口号变为现实，才能真正尽到自己的岗位职责，为企业创造价值。如果每一个员工都能在自己的岗位上真正负起责任来，脚踏实地地把工作做好，何愁工作没有业绩？何愁公司没有效益？又何愁自己在职场上没有前途呢？

在企业中，能够脚踏实地工作的员工更有责任感，他们对工作和公司的负责是能够真正付诸行动的。只有有这样务实的工作态度，才能用积极的心态面对工作中的各种困难，不论事情简单还是复杂，都能抛弃浮躁、摒弃幻想，一丝不苟地去完成工作，始终坚定不移地向着自己的职业目标迈进。这样的人，必然能够享受到实现自己职场理想后的快乐。

◎ 简单的事情不是累赘，而是机会 ◎

公司让你做最简单的事情都是给你的机会，将这些事情做好了，你就一定会受到重用。

衡量一个员工是不是称职的标准，就是看他是不是能把每一件事，不管大小都完成得很好。一个优秀的员工，总能把每一件很简单的事情做得很成功。而把每一件事都做成功，把每一件平凡的事做得不平凡的人是很不简单的。

每个人都希望自己是职场中的精英，是商场上的英雄，但是并不是每个人都能如愿以偿。那些成功的人往往就是能把一件简单的事情做到不简单的人。在这样的人眼里，事情不分大小，没有性质，只有一定要完成，并且要完成得出色的想法。谁说扫大街是一件简单的事？谁说认认真真工作的清洁工不是了不起的人？那些在工作中总是说事情芝麻绿豆大不需要自己动手的人往往都是一些态度不端正、好高骛远的人，而这样一些人和清洁工相比，我们大家更喜欢的还是认真工作的清洁工吧？一个公司的业务本来就是由一些大事小事构成的，但是如果那些简简单单的小事都没办法做好的人，老板怎么敢让他们干大事呢？

薛洋是一个影视工作室的后期剪辑实习生。他刚大学毕业，去公司不到几天，发现公司里都是一些在后期剪辑方面已经做了七八年的行家。他想，自己在这种高手如云的地方一定能学到很多东西，毕竟，近水楼台先得月嘛！

进公司的时候薛洋就知道公司一定是从最基础的东西让他做起，但是却没想到基础的工作让他大跌眼镜。主管居然让他天天端茶送水，而且一送就送了几个星期。薛洋的心理非常不平衡，自己是来学习的，虽然天天在做跑腿的事，但是相对于刚来时大家对自己冷冰冰的态度，现在因为自己满脸堆笑地送水、送咖啡，大家已经开始慢慢真心地接受他了。这也是一个磨炼自己的机会，一个连水都送不好的人能干什么呢？薛洋送水送得更真心诚意了，不但及时地送水换水，还把饮水机和办公室打扫得干干净净，从来没有在脸上表现出丝毫的不耐烦和抱怨。几个星期之后，公司觉得薛洋工作态度非常好，终于让他开始剪一些简单的片子，而且有不懂的地方，别人也会帮他解决。

把简单的事情做到不简单是一句很容易说的话，但是真正做到的有几个人呢？有些员工总是一天到晚不停地抱怨公司不给自己机会，领导对自己重视不够，但是机会到来的时候你真的紧紧把握住了吗？公司给你的最简单的事情都是给你的机会，都是对你的器重，将这些事情做好了，你就一定会受到重用。

干一行爱一行，干一行就要干好一行。世界上没有低级的工作，也没有简单的行业，不管现在的你在公司担任什么职位，做什么样的事情，都不要眼高手低，将事情做到最好就是获得升迁的最好方法。是金子总会发光，总有一家公司会发现你，让你实现自己的价值。

周皓是一名交通警察，从一个二十几岁的毛头小伙子到现在接近不惑之年的成熟男人，周皓在马路上那块小小的地上站了十几年，而他从来都是笑对自己的工作，每一天都尽职尽责地指挥交通。他的指挥点是交通事故发生最少的地方。

　　周皓从来不觉得自己身为一名交警有什么不好，他总是向身边的人骄傲地说自己是国家重要的一名交警。他交通指挥得最出色。上下班高峰期的时候，有很多条马路都被挤得水泄不通，车辆乱七八糟地挤作一团，周皓的指挥点却井然有序，车行虽然缓慢，但是却没有胡乱插车或者倒车的情况出现。夏天炎热的太阳像火一样烧在交警身上，但是不管自己多热，周皓从来没有擅离岗位或者产生找一个阴凉的地方避荫的想法。在行人闯红灯的时候，周皓总是能及时地出现并制止这种危险的行为。他珍爱自己的生命，也珍爱行人的生命，他的座右铭是"站一天岗就做好一天的交警"。

　　远远看见周皓笔直坚挺指挥交通的身影，附近的居民觉得自己是最安全的。周皓就像一盏安全指示灯，告诉所有人，只要他在的地方，交通就是有序的，出行就是安全的。

　　谁是最可爱的人？就是那些兢兢业业为自己的本职工作尽心尽力的人，就是那些不以事小而不为的人，就是那些将简单的事情做得不简单的人。所以，一个想要成功升职的员工也好，一个大企业老板也好，只要把最简单的事情用最高涨的热情出色地完成了，就是一个不简单也不平凡的成功者了。

◎ 肯"吃亏"的人，是有责任感的智者 ◎

"吃亏"是一种有责任心的表现，任何企业都不会亏待有责任感的员工。肯于吃亏的人，才是职场上真正的智者。

其实这些肯"吃亏"的员工，都是很有责任感的人，因为只有把企业当成自己的家，才不会斤斤计较个人得失，才不会紧盯着薪水报酬而吝惜自己的付出。那些猴精猴精的聪明人，绝不肯"浪费"一分力气，拿多少钱的薪水就出多少钱的工，甚至有些人还偷奸耍滑。没有付出，何来回报？他们这样的心态，又怎么能指望在竞争激烈的职场上出人头地呢？

学习机械制造的元经毕业后到了一家精工机械制造厂工作。一段时间之后，他发现其他同事在生产过程中对剩余的一些边角料总是不太珍惜，总是随手乱扔。下班后负责清扫卫生的员工就把这些东西当作垃圾处理掉了，每天总有上百斤这样的边角料被丢掉，非常可惜。

于是，元经每天下班后都把别人丢弃的那些边角料收集起来，利用一台闲置的机床加工成一些螺丝、螺杆这样的小零件。

他的一个同事经常"好心"地劝元经："不要这么傻，工作了一整天，下班还不赶紧回去休息，这些边角料扔了也就扔了，还加工成小零件，累不累啊？"元经不听，那个同事最后气不过，说："公司就发给你那么点工资，每天把任务完成就很对得起它了，你现在多干的这些活儿，干了也白干，没人给你发奖金。说句难听的，你就是一个吃力不讨好的笨蛋，就是一个喜欢吃亏的傻子。"对于他的这番"教诲"，元经只是笑笑，继续他的工作。

一天，老板下班后到生产车间去转悠，结果发现元经在认真地加工着边角料，旁边是加工好的半筐小零件。于是，老板就问元经："别人都下班回家了，你怎么没下班，还在这里加工这些废料啊?"

元经说："我觉得这些边角料扔了挺可惜的，加工一下还能用得上。我回去也没什么要紧事，多干点活儿也累不着的。"老板没说什么，转身就走了。

半年后，老板宣布要提拔一位员工担任车间主任，大家纷纷猜测这个人选。但结果却让人大跌眼镜，老板点名要资历尚浅的元经来担任这个职务，就连元经自己也感到非常惊讶。

老板说出了提拔元经的理由："元经拿了一个人的工资，但是却干了不止一个人的活儿。他得到的报酬少，但是付出的劳动多，不怕吃亏。这么有责任心的员工，公司是绝对不会亏待他的。"

元经在工作中本着对企业负责的心态，没有盯着自己的付出是不是得到了企业相应的回报，而是兢兢业业地工作，付出了超出个人薪水的努力。在同事看来，这个人有些"傻"，没有加班费的工作还干，这不明摆着是吃亏吗? 但正是元经的这份责任心，为他赢得了升职、加薪的机会，因为任何企业都是不会亏待有责任感的员工的。

一分耕耘，一分收获，付出总有回报。职场中拥有强烈责任心、不怕"吃亏"的人，就不会吝于付出。机会总是愿意给予付出的人回报的，在你种下"吃亏"种子的同时，就已经为将来收获职位或者薪水的丰厚回报打下基础了。

然而，职场上还有很多人不明白这个道理，他们总是想能够得到怎样的回报，才去付出努力，才去承担责任，完全颠倒了因果。他们认为，既然公司给了我这么多薪水，我就只需要付出这些劳动，没必要再去主动承担更多的工作。于是，他们就得过且过地混日子，逐渐消磨了自己的工作热情，也失去了前进的动力。长此以往，就变得默默无闻，被埋没在职场的茫茫人海中了。

这种不肯"吃亏"的心态，其根源就是没有责任心，这样不仅对公司没有任何好处，对自己也是很不负责任的。这样的员工也很难得到升职的机会，哪怕升职的机会真的来了，上司也不会放心地把重要的任务交与他去做。很简单，一个连本职工作都做不好的人，如何能够说服别人信任他呢？

吃亏是最简单的事情，但是绝大多数人都做不到。只有那些平时不斤斤计较个人得失，不局限于自己的所得，为公司付出更多、不怕吃亏的人，才能得到上司的青睐，给自己带来更大的发展空间。

"精明人"与"傻子"的区别就在于："精明人"付出得少，得到的多；而"傻子"付出得多，得到的少，然而这仅仅是暂时的。实际的情形是："傻子"干的活儿多，收获就会逐渐变多，机遇也会随之到来；而"精明人"付出得越少，他们的收获也就变得越少，机遇更不会落在他们头上。他们只是白白浪费了大好年华，输掉了成功的机会。

所以，不要抱怨当年同时入职的人现在的收获已经远远地超越了你；不要抱怨领导的偏心剥夺了你升职的机会；不要抱怨上天不公，怀才不遇的你没有遇到独具慧眼的"伯乐"。你之所以到现在还只是一个普普通通的小职员，守着办公室的一隅，还只能拿着微薄的薪水默默哭泣，还只能眼巴巴地渴望着加薪、升职的机遇，一切的根源不在于你的工作能力不佳，不在于领导的识人水平低下，也不在于你的人生际遇悲苦，只是因为你没有足够的责任心。老板手下人才济济，他干吗要提拔重用一个付出太少而希望得到太多的"贪婪"的人呢？

从现在起，学会加强自己的责任心，不要再斤斤计较眼前的蝇头小利，学会付出，以后将会获得更大的机遇。

◎ 把小事做到极致就是创新 ◎

把小事情做到极致、做到完美，就能一步步为自己赢得做大事的机会。

在康熙的诸多儿子之中，论德行论才干，老四爱新觉罗·胤禛都不是上好的材料。但是睿智的康熙皇帝在经过层层考察筛选之后，却将皇位传给了他，成就了这位历史上有名的雍正皇帝。康熙对雍正的评价是："耐烦不怕琐碎。"就是能够把小事做好，不眼高手低。

"九层之台，起于垒土；千里之行，始于足下。"量变产生质变，任何一件大事，都是由一件件小事组成的。无论在生活中还是工作中，都不要忽略小事情，即使是小事情我们也要用做大事的心态去对待，把小事情做到极致，如此才能成就大事。

很多成功者也并不是从一开始就卓越非凡，他们多数也是从做好小事情开始的，但是他们与急功近利的人不同。他们能够把小事情做到极致、做到完美，从而一步步为自己赢得做大事的机会。试想，如果连那些不起眼的小事情都能做到极致，那么做大事也就自然不在话下了。就这样，他们完成了从丑小鸭到白天鹅的蜕变，做出了令人瞩目的成就。

汤姆·布兰德20岁进入福特公司的一家工厂，他从第一天上班起，就想在这个地方成就一番事业。不过，他没有像有些年轻人那样，迫不及待地寻找一切可以晋升的机会，或者不择手段地往上爬，而是甘于从小事做起。

汤姆·布兰德从最基层的杂工开始，杂工的工作就是哪里需要去哪里，让你干啥你就干啥。虽然都是一些不起眼的小事，但是他干得非常认真，把小事做到了极致。

干了一年的杂工以后，汤姆·布兰德基本熟悉了从零件到装配出厂需要的13个部门的生产流程，这为他以后成长为一名有整体眼光的管理者打下了良好的基础。

然后，汤姆申请调到汽车椅垫部工作，在那里他掌握了做汽车椅垫的技能。后来他又申请调到电焊部、车身部、喷漆部、车床部等多个基层部门去工作。不到5年的时间，他几乎把这个厂各部门的工作都做过了。

汤姆的朋友对他的举动十分不解，认为他工作已经5年了，却总是做些焊接、刷漆、制造零件这类的小事，恐怕会耽误他的前途。但是汤姆不这样认为，他说："我并不急于成为某一部门的小工头，我是以整个工厂为工作目标的，所以必须花点时间了解整个工艺流程。我做的虽然都是些小事，但是我能够把小事做到极致，这就是我工作中最有价值的地方，这会帮助我实现自己的理想。"

汤姆说得很对，因为他能把每件小事都做好、做到极致，因而他逐渐成了装配线上的权威人物，并且很快他就升为领班。在汤姆·布兰德32岁的时候，他成为 15 位领班的总领班，也成了福特公司最年轻的总领班。在福特公司这个人才济济的"汽车王国"里，这是一件非常了不起的事情。

对于生产一辆汽车来说，制椅垫、焊接等工作可以说都是小事，但正是把这一件件的小事做到极致，才有了一辆辆性能卓越的福特汽车的问世。汤姆全力以赴地做好每一件小事，从把小事做到极致的过程中，他积累了足够的经验，而且获得了良好的发展机会，这为他日后做出更大的成就奠定了坚实的基础。

在工作中，如果你能把小事当作大事那样重视，做到极致，那么当你以后真正面对大事的时候，你就会发现再大的困难也能克服，做好大事一点儿也不困难。很多人心浮气躁，恨不得一口吃成个胖子，恨不得一夜做出不朽的业绩，这是不可取的。古人常说，欲速则不达。只有先把小事做好，将来才能把大事做好。

"在战争中，大事件都是小事情造成的后果。"这是古罗马凯撒大帝的名言。小事情也要执行到位，否则就会影响到全局，给企业和个人造成严重的影响。一颗小小的钉子决定一个帝国的存亡的故事深刻而耐人寻味，而这样的教训在现实生活中还在前赴后继地演绎着。

美国哥伦比亚号航天飞机升空 82 秒后爆炸，机上 7 名宇航员全部遇难。调查结果表明，造成这一灾难的原因竟是一块脱落的泡沫击中了飞机左翼前的隔热系统。

这块泡沫材料只有 0.75 公斤，航天飞机这么庞大复杂的工程，别的地方都是精雕细琢的，唯有在填充这些泡沫材料的时候是使用喷枪进行的。这些喷枪喷涂的时候，无法保证泡沫之间不留缝隙，而这些缝隙之中存在着大量的氢，航天飞机进入大气层后，氢膨胀溢出，导致泡沫材料疏松剥落击中了隔热瓦，从而导致1400摄氏度的高温气体摧毁了机翼和机体。

应该说，航天飞机整体性能系统等很多技术指标都是一流的。但是，一小块脱落的泡沫就毁灭了价值连城的航天飞机，还有7位无法用价值衡量的生命。在这里，泡沫脱落是一件小事，但是这件小事让人类付出了血的代价。

"差之毫厘，谬以千里。"工作执行不到位，哪怕是一件小事也会带来惨重的后果，牵一发而动全身。在执行中，任何一件小事都可能会影响大局，或者说必然会影响大局，只是有时候当时不会表现出来而已。

作为企业中的一名员工，每个人的执行力水平都有可能给企业带来巨大的影响，可能是正面的，也可能是负面的。那些对待小事马马虎虎、不能执行到位的员工，必然会影响企业的发展壮大。而那些能够把小事也做到极致、拥有完美执行力的员工，则能帮助企业实现既定战略，实现团队和个人的共同发展。

其实对于我们个人来说，通过做小事，可以积累经验，磨炼自己的耐力和韧性，锻炼自己处理问题的能力，培养自己完美的执行力。如果我们能把小事都做到极致，那就是为成就大事打好了坚实的基础。所以，即使是小事，也切记要做到位。

◎ 专注于工作，增强核心竞争力 ◎

专注的工作态度，会让我们将工作做得更好，让我们感受到工作中的乐趣，在快乐中实现自己的人生价值。

2009 年，林芳在获得心理学博士学位后不久，就留校任教了。念书时，她没有对职业生涯做过多考虑，但她凭着对校园生活的熟悉而惯性地认为自己应该喜欢教学，觉得教师这一职业也许会很适合自己。

实则不然。林芳没有想到，教师这一职业包含着很大一部分理论研究工作，而她在这方面并不擅长。"我就像方头钉碰到圆口孔。"她说。教了 3 年书，林芳最后承认自己并不适合做教师这份工作。

随后，她把工作中自己喜欢及厌恶的因素思考了一番：她尤其喜欢跟人打交道，于是，她决定在某公司人力资源部门寻觅职位。经过一年学习，加上花费一些时间提供免费咨询，她得到了一个初级人力资源管理的职位。6个月后，部门经理离职，她接替经理职位，并一路升迁。

在古希腊帕尔索山的一块石碑上，刻着这样一句箴言："你要认识你自己。"卢梭称这一碑铭"比伦理学家们的一切巨著都更为重要、更为深奥。"认识自己之后，我们才能专一，才能发挥出自己的优势。有人说："专一不是一生只喜欢一个人，而是喜欢一个人的时候一心一意。"对工作专注也是如此，既然选择了这份工作，就应该全身心地投入，哪怕是再小的工作，我们也要尽全力把它做好。

其实，对工作的专注度体现的是一个人的工作态度，好的工作态度可以把一个人提升到一个新的高度。态度决定一切，一个人如果想要在工作中取得成就，就应该学会静下心来，让自己身体里的每一个细胞都为工作而服务。

专注的力量是巨大的，专注的效果往往又是出乎人们预料的。高度专注的工作态度会让我们将工作做得更好，高度专注的工作习惯可以让我们感受到工作中的乐趣。良好的心态和专注的工作态度会让我们热爱自己的岗位，把工作当作自己的事业，最终实现自己的人生价值。

每个人都对戴尔电脑不陌生，而其创始人迈克尔·戴尔的事迹更被誉为"商业典范"。可以说，正是凭借着他对工作的专注，才让戴尔成为了世界500强公司首脑中最年轻的一个。

戴尔年轻时，在奥斯汀市的德克萨斯大学读书。像大多数学生那样，他需要自己想办法赚零用钱。那时候，大学里人人都谈论个人电脑，所有的人都想买一台，但由于售价太高，许多人买不起。

听着同学们的谈话，戴尔不由心想：其实电脑经销商的经营成本并不高，为什么要让他们赚那么丰厚的利润？为什么不由制造商直接卖给用户呢？

于是，戴尔开始对电脑市场进行考察。考察之后他发现：IBM是当时个人电脑品牌的龙头老大，可以说几乎垄断了整个市场。正因为如此，IBM公司规定经销商每月必须销售一定数额的个人电脑，而多数经销商都无法把货全部卖掉。他知道，如果存货积压太多，经销商会损失很大。

明白了这个规则，戴尔开始了自己的行动，他按成本价购得经销商的存货，然后在宿舍里加装配件、改进性能。顿时，这些经过改良的电脑十分受欢迎，很多同学都来找他。

戴尔见到市场需求量巨大，于是在当地刊登广告，以八五折的零售价推出他那些改装过的电脑。不久，许多商业机构、医生诊所和律师事务所都成了他的顾客。

尽管戴尔的生意越做越火，可是这却让他的父母很反感。有一次戴尔放假回家，他的父母表示担心他的学习成绩。"如果你想创业，等你获得学位之后再说吧。"父亲劝他说。

面对父亲，戴尔也不好说什么，于是只好暂且答应了下来。可是一回到奥斯汀，他就觉得如果听父亲的话，就是在放弃一个一生难遇的机会。

"我认为我绝不能错过这个机会。"一个月后，他又开始销售电脑，每月赚5万多美元。看到了如此巨大的财富，戴尔第一时间向父母坦白："我决定退学，自己开办公司。"

"你的目标到底是什么？"父亲问道。

戴尔回答："和IBM公司竞争。"

戴尔的话，让父母非常吃惊，一致认为他太好高骛远了。但无论他们怎样劝说，戴尔始终坚持己见。终于，他们达成了协议：他可以在暑假时期试办一家电脑公司，如果办得不成功，到9月他就要回学校去读书。

得到了父母的同意后，当时只有19岁的戴尔开始在电脑市场大展拳脚。他回奥斯汀后，拿出全部积蓄创办戴尔电脑公司。他以每月续约一次的方式租了一个只有一间房的办事处，雇用了第一位雇员——名28岁的经理，负责处理财务和行政工作。在广告方面，他在一只空盒子底上画了戴尔电脑公司第一个广告的草图，朋友按草图重绘后拿到报馆去刊登。

结果，戴尔公司第一个月营业额便达到 18 万美元，第二个月为 26.5 万美元。不到一年，他便每月售出个人电脑 1000 台。积极推行直销、按客户的要求装配电脑、提供退货还钱以及对失灵电脑"保证次日登门修理"的服务举措，为戴尔公司赢得了广阔的市场。

戴尔对工作的专注，让戴尔在其他电脑厂商崛起前就奠定了品牌效应，进而使自己成功跻身"全球首富圈"。如果他没有对工作的专注，又怎么敢违背父母的意愿，从事电脑行业呢？戴尔对工作有着无休止的热情，他知道自己在做什么，他知道自己会取得成功，正因为有这样的信心，有这样对工作的专注度，戴尔才会一次次地取得成功。

无论从事什么工作，都要用心去做，在工作中学会专注地做事，以一种敬业的精神对待自己的工作，无论是大的方向还是小的细节，都要给予同样的重视，争取把自己培养成一个适合岗位的人。就算是 1%的事情，也要投入100%的专注，这样，我们才能为自己的工作创造更大的价值。

如果你不甘于在岗位上平庸，那你就要时刻鞭策自己："无论从事何种工作，一定要全力以赴、一丝不苟。能做到这一点，就不会为自己的前途操心。因为世界上散漫粗心的人总是大多数，那些专心致志的人总是供不应求。"

在一个企业里，如果我们真正专心地工作了，工作的成果就能够体现出来。无论这个成果是大是小，是简单而重复地制造，还是高新技术的创新，老板都不会对这些成果视而不见的。久而久之，你专注工作的态度就能提升自己在老板心目中的地位，得到老板更多的肯定和信任，随之而来的是更好的职业发展空间。

即使在一个可能是微不足道的岗位上，对工作高度关注的态度同样会让你成为这个工作岗位的能手，长此以往，甚至会让你成为不可替代的员工。当你成为不可替代的员工的时候，说明你的工作水平已经达到了一定的境界，你所在的工作岗位已经不再是微不足道的了。

在主动提高自己的工作技能时，良好的心态也是十分重要的。要知道自己这样做的目的并不是为了获得金钱上的报酬，而是为了使自己更长久地发展。

高度专注并不意味着辛苦和乏味，很多时候更是一种乐趣。当我们专注地投入工作当中，尤其是工作的内容是我们的兴趣所在时，我们往往会情不自禁地痴迷于工作，这时所有的困难都会变得轻松起来，因为工作已经成为一种快乐和享受。

第三章 ／ 创造成果
有寻求成果的责任感，业绩就没有难度

　　创造成果是每位员工都应该强化的职业精神。成果就是行动的落实，目标的实现，任务的完成。你有再多的理由都不重要，重要的是成果。要知道，公司是靠成果生存，成果是衡量员工的唯一标准。一个真正有责任心的人，就应当及时解决问题，做出最好的业绩。

◎ 忙而有效，需要弄清真正的目标 ◎

　　忙到点子上，需要明确目标，不要被任务的"表面"所迷惑，要看到任务背后真正指向的"结果"。

　　如果不明白任务的含义，不明白任务背后的结果要求，那么执行就很难收到应有的效果。执行力决定竞争力，增强执行力，就能提高竞争力，而拥有了完美的执行力，就意味着你在职场上离成功又近了一步。谁都希望提高自己的执行力，因为谁都希望自己忙到点子上，忙出效果来，不愿意自己的付出像蒙上眼睛的毛驴一样日复一日地围着磨盘转悠着，却因为看不到目标，

无法走出磨坊这个"牢笼"。

有一位记者曾去采访美国财务顾问协会的前总裁刘易斯·沃克。见面之后，沃克首先问记者："你的目标是什么？"这位记者回答："我希望有一天可以拥有某座山上的一栋漂亮小屋。"沃克不置可否。然后，记者问他一个人不成功的主要因素是什么？沃克回答："模糊不清的目标。"

"什么样的目标算是模糊不清呢？"记者请沃克做进一步的解释。沃克说："刚才你说的那个就是模糊不清的目标。问题就在你所希望的'有一天'不够明确。有一天可以是明天，也可以是1年以后，还可能是20年以后。因为目标不够明确，你就不知道应该怎样去具体地实现它，所以成功的机会也就不会大。"

记者又问："那怎样才算是目标明确呢？"

沃克告诉他，如果真的希望在山上买一栋小屋，就必须先找到那座山实地考察，咨询一下专业人员那间小屋现在值多少钱，然后考虑通货膨胀等因素，计算出若干年后这栋房子值多少钱。这样才能知道自己为了达到这个目标每个月要存多少钱，并为存钱做好收支计划。

沃克说："如果你这么做了，你可能在不久的将来就会拥有山上的那栋小屋，这才是明确的目标。但你如果只是空泛地说说，梦想就可能不会实现。梦想总是令人愉快的，但如果只是模糊的梦想，而没有明确实现这个梦想所需的时间、金钱等目标，所谓梦想也只是妄想罢了。"

记者恍然大悟："要实现一个目标，应该首先要明确它，而不是只有一个模糊不清的概念，否则执行起来就会盲目不清。"

在工作中，有些人往往也不明确老板交给的任务的目的。比如说，老板要求给某公司发一份传真，很多人就跑到传真机那里，发了就完事了。可以说，大部分人就是这么干的，而且往往这样干也没出什么问题。但是，老板下派的真正任务是让你做出发传真这个行为吗？

如果仔细想想就会发现，老板要你做的，其实是保证这份传真到达对方公司，或者是对方公司的某个特定的人手里。因此，发完传真以后，其实我们还有工作要做，我们要确认传真是不是被对方完整地收到了。如果老板指定发给对方的某个人，我们还要向他本人确定一下。确保传真到了应该到达的地方，才是这个任务的真正目标。

同时，明确的目标会带给你激情的火花。它就像成功的助推器，使你看清了自己想要到达什么地方，从而充满了活力，也避免了时间、精力的浪费。当你把这项任务完成时，你会获得一种愉悦的成就感，从而促使你更好地工作。

比尔是一家宾馆的老板，他以"懒惰"著称。制订了公司的发展规划以后，他就当起了甩手掌柜，他给员工们制定了明确的任务。比如说琳达负责保持餐桌的干净整洁，汤姆负责停车场的保安和秩序，等等，凡是能吩咐给手下干的事情，他绝不亲自去做。因此，虽然宾馆的业务非常繁忙，他却整天悠闲自得。

有一年圣诞节前夕，他让宾馆中的员工选出 10 名最懒惰的员工。评选结果出来后，那些当选最懒惰员工的人都惴惴不安。然后他通知那 10 名最懒惰的员工到办公室，得知老板的召唤后，这些员工原以为老板会炒掉他们或者是有什么不幸的处罚降临到他们头上。

但是，结果令他们非常吃惊。一进门，比尔对他们说："恭喜各位被评选为本宾馆最优秀的员工。"并站起身亲自给他们每人发了一个红包。看着他们一个个目瞪口呆的疑惑表情，比尔招呼他们坐下，微笑着解释了奖励他们的原因，他们被评选为"懒惰者"的表现是：总是一次就把所有的餐具都放到餐桌上，不会为此来回奔走；习惯于一次就把客人的房间收拾干净，而不会等客人催促第二次；一次就把客人的车停好，讨厌在停车场绕来绕去，这些行为在别人眼里就是在偷懒。

比尔说："但依我看，最优秀的员工全无例外地都是'懒汉'。因为他们明确地知道怎样最直接、最省力地把我交代的任务做到位，你们懒得连一个多余的动作都不想去做。那些勤快的员工，有的却是因为忙不到点子上，送一桌餐具都要跑好几趟，这样看着是很勤快，但实际上却是劳动力资源的浪费。"

一个优秀的人，一定是关注结果、明确自己任务要达到的目标的人。这样的人，在工作的时候才能"走直线"，直达目标，把时间和精力用在完成目标上，而不是看着很"勤快"、很"忙碌"，但是却忙不到点子上，费时费力却做了一些吃力不讨好的事情，偏离了正常的执行轨道。

因此，要想提高效率，做到工作中执行有方，忙到点子上，就要明确任务的目标与指令，不要被任务的"表面"所迷惑，要看到任务背后真正指向的"结果"。

◎ 工作业绩为零，就是不负责任的员工 ◎

要把努力创造工作业绩当作自己的责任标尺，解决好工作中的各种问题，拿出过硬的业绩证明自己。

在工作中，有这样一种现象：老板安排差不多的工作给两位员工去做，其中一位每天起早贪黑，连周末都不休息，弄得心力交瘁，但是结果却不尽如人意。另外一名员工，从来不需要加班加点，每天工作效率很高，对工作游刃有余，总是能给老板交上一份满意的答卷。如果你是老板，在需要提拔一位员工让他承担更大责任的时候，你会选择谁呢？

对于任何一位员工来讲，你口头上无论是多么负责、多么敬业，如果你的工作业绩是零，那么你就是一名不合格的员工。

在工作中，负责永远不是一句空洞无物的口号，业绩就是责任的标尺，员工的一切都要用它来衡量。同样，对每个人的职场生涯来说，任何大的成就都是你每天的业绩累加的结果。如果没有业绩，就没有大的成就。所以，在工作中，我们要懂得一个基本道理：只有业绩才是衡量我们责任的标准。

张瑞敏经常说一句话："能者上，庸者下，平者让。"在海尔这个企业里，不看重学历、关系和情面，也不讲过去的成绩。不论过去为海尔发展做过多大贡献，包括"海尔功臣"和跟张瑞敏一起"打天下"的那些元老，只要不能胜任今天的工作，就会被无情地淘汰。

每年年终，总有一部分主管因完不成工作任务而被免职，又总有一批超额完成任务的新秀走上领导岗位。这在海尔司空见惯，大家也已习以为常。比如，2002 年度干部综合考核结果：升迁 27 名、轮岗 9 名、整改 4 名、警示 2 名、降职 3 名、免职 1 名。整改、警示、降职、免职的干部占总数的 11%，干部调整的总数占管理层总人数的 51%。

　　张瑞敏认为，不论是对待公司元老还是刚入职的年轻人，提高他们的工作业绩，增强他们的竞争力，就是对他们最好的照顾。

　　"昨天的奖状，今天的废纸"，海尔人不欣赏昨天的荣誉和脚印，不讲关系，个人收入和升迁只与业绩相关联，一律用业绩这把尺子来衡量。

　　无独有偶，微软也是一个完全以业绩为导向的公司，实行独树一帜的达尔文式管理风格："适者生存，不适者淘汰。"用处处以业绩论成败的方式自动选择和淘汰员工，不断地裁掉最差的员工是微软的一贯做法，只有那些业绩突出的人员才能被留下来，得到晋升。

　　微软公司从来不以论资排辈的方式去决定员工的职位及薪水，员工的提拔升迁取决于员工的个人成就。在微软，一个软件工程师的工资可以比副总裁高。

　　微软还采取定期淘汰的严酷制度，每半年考评一次，并将效率最差的 5% 的员工淘汰出去。自 1975 年以来，微软一直保持了很高的淘汰率，这使得他们留下的员工都具有很强的竞争力。他们这种制度使整个企业保持了强大的活力。

　　在这个竞争激烈的社会，公司作为一个经营实体，必须靠利润维持生存与发展。利润是每个企业的原始推动力，因此员工的责任就是努力提高自己的业绩，为企业创造利益和价值。而企业最看重的也是员工业绩的大小。如果员工没有做出业绩，就是没有尽到为公司创造效益的责任，就是在拖公司后腿，就算你是企业的元老，或者持有高学历，老板也会为了企业的利益而舍弃你。

事实上，世界上所有成功的企业都会把业绩作为责任的标尺，把业绩作为自己考核员工能力的标准，无论你做的是什么工作，无论你的职位高低，都要通过业绩来体现你的责任。企业终究不是福利院，任何一位老板都不希望自己的员工是没有业绩、尽不到责任的闲人。

普布利乌斯·埃利乌斯·哈德良是古罗马的一位皇帝，是古罗马历史上"五贤帝"之一。他手下有一位跟随自己多年的将领，但是战绩平平，一直没有得到他的提升。

有一次，哈德良又提升了一群将领而落下了他。这位将军觉得他应该像别人一样得到晋升，于是便在皇帝面前提起这件事情。

"我应该升到更重要的位置，"他说，"因为我经验丰富，参加过10次以上的重要战役。"

哈德良皇帝是一个对人才有明确判断的人，他并不认为这位将军能够胜任更高的职位，于是他指着拴在木桩上的驴子说："亲爱的将军，好好看看这些驴子，它们至少参加过20次战役。"

比尔·盖茨说："能为企业赚钱的人，才是企业最需要的人。"企业要发展，需要团队中的每个员工都尽到自己的责任，创造良好的业绩。因此，无论从事哪一行，都必须用良好的业绩来证明你是企业的珍贵资产，证明你可以帮助企业赚钱，而不是吃闲饭、滥竽充数。

从另一个角度来讲，员工只有通过完成自己的责任为企业创造价值，企业有利润产生，他才能获取相应的报酬。业绩跟个人的所得有着直接联系，荣誉和回报只会给那些创造业绩的功臣，良好的业绩就是尽到责任的最好证明。谁为企业创造的业绩多，谁的薪水就高，得到的机会就多。

业绩不仅跟员工个人的所得息息相关，更是提升企业竞争实力的途径，是决定企业兴衰成败的关键！业绩是责任的标尺，是良好职业精神的体现，是个人在职场上顺利发展的保障。因此，员工要想得到老板的认可和赏识，获得加薪、升职等诸多优遇，在职场立于不败之地，实现自己的个人价值，就必须把努力创造工作业绩当作神圣的职责，当作自己的责任标尺，解决好工作中的各种问题，拿出过硬的业绩，为企业创造良好的效益。

◎ 对结果负责到底，才是真正的负责 ◎

种下责任的种子才能收获理想的结果。在工作中，我们要尽到自己的责任，一切以实现预定的结果为最终目的。

人们常说："种瓜得瓜，种豆得豆。"责任和结果之间也存在着这种关系，种下责任的种子才能保证收获理想的结果。责任保证结果，责任确保业绩。因此，在工作中，我们要尽到自己的责任，一切以实现预定的结果为最终目的。

一名员工如果懂得了这一点，就会在工作中承担起责任，以实践自己的职责，保证工作结果。这样既能为企业发展贡献出自己的最大力量，也能体现自己的最大价值，获得更多的成功机会和更广阔的发展平台。

美国有一家很出名的咨询公司，他们经常在世界各地举办演讲活动。在演说家演讲之前，公司会安排专门人员把有关演讲者本人和演讲内容的材料及时送达听众手中。

有一次，公司同时在芝加哥和得克萨斯举办演讲活动，主管分别安排了安妮和琳达负责两地演讲材料的邮寄工作。

安妮接到任务以后，提前6天就联系了联邦快递公司，她还亲自核对了收件人的地址、联系方式还有材料的数量。她还亲自包装好了材料，选择了适当的货柜。她认为这样做肯定是万无一失了，自己已经很负责任了，按照联邦快递公司的惯例，材料将比预定时间提前两天送达。

但是，她遗漏了一点，没有向联系人确认材料是否已经送达。结果，这些材料被联系人的女佣像对待平时收到的那些无用的广告宣传材料一样，扔进了垃圾桶。

去得克萨斯演讲的彼得接通了助手凯特的电话，说："我的材料到了吗？"

"到了，我三天前就拿到了。"凯特回答说，"负责邮递您的材料的是琳达，她打电话告诉我听众可能会比原来预计的多100人，不过她已经把多出来的也准备好了。"

因为允许有些人临时到场再登记入场，因此琳达对具体会多出多少人也没有清楚的预计。为保险起见，她决定多寄了400份，并且告诉凯特，如果演说家有别的什么要求，可以随时打电话找到她。这让演说家非常满意。

安妮虽然也做了大量的工作，付出了不少努力，但是就因为没有打个电话确认一下，就让前面的工作付诸东流了，没有完成任务，一切努力都是白费。

而琳达知道要对自己的工作结果负责，她知道结果才是工作的最终目的，把演说家的材料及时准确地送到他的手中，这才是她的职责、她要追求的目标。达不到这个目标，她的责任就没有完成。

工作中每一个老板都希望自己的员工能够像琳达那样有责任感，在工作中对结果负起责任，将问题圆满解决。有些人虽然也做了不少工作，付出了不少汗水，但是没有结果的工作其实是无效的，是没有价值的，无法为企业带来效益。只有对所做工作的结果负责，才能确保每一次任务、每一个行动都具有实际效用和价值。

在这个世界上，每个人都扮演了不同的角色，每一种角色又都承担了不同的责任。从某种程度来说，对角色的演绎就是对责任的完成。作为企业的一名员工，理所当然地要去承担自己工作岗位上的责任，保证自己的工作结果。可以说，在职场中，对结果负责同时也意味着对自己的未来负责。

责任保证结果，责任确定业绩，对结果负责到底，才是真正的负责。任何一个成功的企业或个人，虽然成长的历程不同，但是，有一点是共通的，那就是对结果负有强烈的责任感。

海尔电冰箱厂有一个五层楼的材料库，这个材料库一共有2945块玻璃。如果你走到玻璃前仔细看，你一定会惊讶地发现这2945块玻璃每一块上都贴着一张小纸条。

每个小纸条上印着两个编码，第一个编码代表负责擦这块玻璃的责任人，第二个编码是谁负责检查这块玻璃。

海尔在考核准则上规定：如果玻璃脏了，责任不是负责擦的人，而是负责检查的人。也就是说，擦玻璃的人只管擦玻璃，而负责检查的人要对玻璃干净这个结果负责。

这就是海尔 OEC 管理法（又称为"日清管理法"）的典型做法。这种做法将工作分解到"三个一"，即每一个人、每一天、每一项工作。

海尔冰箱总共有 156 道工序，海尔精细到把 156 道工序分为 545 项责任，然后把这 545 项责任落实到每个人的身上。

在海尔，大到机器设备，小到一块玻璃，都清楚标明责任人与负责检查的监督人，都规定着详细的工作内容及考核标准。只要每一个人都完成了自己的小责任，那么整个团队的大责任也就很好地完成了，公司确定的大目标也就得到了实现。

海尔这种做法的好处在于，每一个人都有明确的责任，都有明确的结果需要去达成。正是这些一个个不起眼的小责任，保证了海尔能实现自己的大责任，从而成长为一个非常成功的企业，收获累累果实。

企业就像一部巨大的机器，螺丝钉有螺丝钉的责任，发动机有发动机的责任。尽管它们的岗位不同，但是责任却不分大小，发动机坏了机器自然无法运转，但是一颗不起眼的螺丝钉如果出了问题，同样也会带来巨大的危害，可能导致整部机器报废。

一个小数点位置不同，就能带来跟结果十倍甚至南辕北辙的偏离；一丁点儿的不负责，就可能使企业蒙受巨大损失；而稍微加强一点责任心，就可能为一个公司带来腾飞的契机。因此，责任对结果的意义重大。对结果负责是每一名员工必有的职业精神，如果一个员工放弃了对公司的责任，也就意味着放弃了在公司中获得更好发展的机会。

因此，我们在职场上要想获得更好的发展，让我们的人生价值得到提升，要想为企业创造更大的效益，获得更大的发展平台，我们就需要用责任实践完美结果。

◎ 为取得成果而"忙"，不做无头苍蝇 ◎

没有结果的忙就是无用功，就是"白忙"、"瞎忙"。

无论什么行业，也无论在什么岗位上，人们的工作其实有一个相同点，那就是追求某种"结果"。老板办企业是为了实现利润，使企业获得发展；管理人员上传下达，贯彻执行公司的战略意图，是为了团队有效顺利地发挥作用；基层员工接到任务兢兢业业，是为了达到上级要求的结果，同时实现自己的价值。老板、管理人员、基层员工都在"忙"，尽管忙的内容不一样，目标也不一样，但都是奔着"结果"去的，没有结果的忙就是无用功，就是"白忙"、"瞎忙"。

任何老板都希望自己的员工给自己带来理想的结果。对于员工个人来说，工作其实就是一个不断解决问题、取得结果的过程，成功之门必将为那些能取得预期结果的人敞开。如果在工作中花费了大量的时间、精力，却效率低下，收效甚微，到头来只是转了一大圈，却没有取得预定的结果，那么这种工作就是失败的。

在 20 世纪 70 年代的时候，韩国三星还只是一家为日本三洋公司做贴牌生产业务的加工厂，主要产品是利润微薄的廉价黑白电视机。到了 20 世纪 90 年代，尽管三星公司凭借自己在全球半导体芯片行业里的突出成绩，无论在产量还是企业规模上都获得了长足发展。但是在很多欧美国家的顾客眼中，三星仍是一家只会模仿别人技术、生产低端产品的不入流公司。

当年，索尼的笔记本电脑因为设计精巧而在市场上畅销，而三星开发笔记本电脑要比索尼晚得多。在笔记本电脑领域，为了与索尼公司经典的 VAIO 系列产品一较高下，三星高层要求研发人员要按照比索尼公司同类产品薄至少 1 厘米的高标准来努力。

"薄至少 1 厘米"，这在当时看来几乎是一个不可能完成的任务。

当时，主攻技术创新的研发团队接手了这项艰巨的任务。研发人员勇于承担责任，并没有因为这项任务看似不可能完成而放弃努力。因为他们知道，如果实现不了比索尼产品"薄至少 1 厘米"的目标，三星笔记本电脑就超不过索尼。三星的研发人员经过 8 次反反复复的实验与提高，终于实现了目标，达到了预期的结果。

全球最大的计算机公司戴尔看到三星的产品后非常欣赏，他们马上派人采购，三星一下子得到了 160 亿美元的采购合同，成为高端笔记本生产的巨头之一。

如今，三星已经在众多的数码产品领域掌握了一系列尖端技术，例如 CDMA 手机、液晶显示器、超薄笔记本电脑等。三星公司在美国国家专利局申请产品专利的数量排名也提高了。正是三星公司的每一名员工对公司的责任感，忙就要忙出结果来的执行力，让三星不断发展壮大。

在工作中，一个具有完美执行力的员工，在结果心态的驱动下，会竭尽全力利用各种方法取得预期的结果。这样的员工是在为提高工作效率而"忙"，而不是像无头苍蝇一样四处乱撞，白白浪费时间和精力。在工作的过程中，他们的目的很明确，就是要结果，并最终创造出色的结果。因此，当我们在工作中接受某一项任务，并被要求提供一定的结果时，就要拿出高效的执行力，力求把最完美的结果带给老板。当然，这样的员工也会得到公司相应的回报。

一个效率低下的员工，会终日满足于尚可的工作表现，不思进取，虽然看上去整天不闲着，但是却没有效率，无法取得预期的效果。这样的员工，所有的付出都只是在浪费时间，他们的职业生涯也必将会失败。

有一位叫罗伯特·克里斯托弗的 26 岁的美国人，想用 80 美元来周游世界。他坚信自己只要按照这个目标一步步地去做，就能实现。于是，他做了一些准备：

首先，他领取到了一份可以上船当海员的文件；然后他去警署领取了无犯罪记录证明；又取得 YMCA（美国青年会）的会籍；还考取一个国际驾驶执照，并找来一套世界地图；与一家大公司签订合同，为之提供所经国家和地区的土壤样品；同一家航空公司签订协议，可免费搭机，但要拍摄照片为公司做宣传。

于是，罗伯特开始了自己的旅行。他用给厨师拍照换取免费的午餐，用一箱香烟换取船长让他搭船的机会，用同样的方法坐了免费列车，等等。

最终，通过为达到目标而进行的一步步行动，罗伯特实现了他用 80 美元周游世界的梦想。

罗伯特非常清楚地知道自己要达到的结果是周游世界，而且是尽量不用花一毛钱。所以，他所有的工作都是为着这个结果进行的，花最少的钱或者不花钱搭车、搭船、搭飞机，最终怀揣着 80 美元来了一次完美的环球旅行。

　　提高效率才能保障执行力，工作就要指向结果。要达到预期结果最好是掌握良好的工作方法，而不是延长工作时间。有些人三更起五更眠，似乎每天都有忙不完的事情要做，他们为了完成任务而拼命加班，焦头烂额，结果却往往不尽如人意。

　　在工作中提高效率，更快更好地完成任务，并不是说要以牺牲自己的休息时间为代价。那样只会损耗体力和精力，只会把工作的战线越拖越长，使效率更加低下。我们要提高工作效率，提高时间利用率，这样才能从工作中享受到乐趣，从结果中获得成就感。因此，优秀员工的工作应该是高效的，是能够获得预期结果的。

◎ 解决问题，上交成果 ◎

问题不会自行消失，只有积极开动脑筋想办法，才能把事情做好，赢得老板的青睐。

工作中经常会遇到难题或者麻烦，而老板花钱雇请员工来就是为了解决这些问题或者麻烦的。当一个员工不能为公司解决困难的时候，就失去了自己的价值。优秀的职员知道主动将问题解决，而不会像推皮球一样将问题推给老板。

每个人都有自己的事情要解决，老板有老板要做的事，员工有员工要做的事，只有两者有效地结合在一起才能为公司和个人创造出效益。而做好自己的本职工作就是员工分内的事情，有问题的时候自己主动想办法解决是员工应该做的事情，而不是将自己的问题推到老板身上。要想让老板觉得你与众不同，能够对你委以重任，你就必须表现出你和别人不一样的地方，你能独立完成别人完成不了的任务，你不会将问题积压很久，更不会将解决不了的问题推给老板。每个老板都在寻找能够助自己一臂之力的人，与此同时，也在抛弃那些不起作用甚至起反作用的员工。

海南一家杂志社的老总要去北京出差一段时间，所以将杂志社的事务都交给主编打理。公司有一批即将出售的特价书，临走前老总和主编说如果有人来问特价书的话，价格合适就给卖了。

　　老总走后，果然有人打电话来问特价书的事，但是主编是一个不敢揽事的人。他虽然答应老总了，但是并不想真的在老总不在的时候把特价书给处理了。因为他不敢出价，他担心一旦老板嫌他出的价格不合适，自己就吃不了兜着走了。所以，只要是有关询问特价书的电话，主编一律说这个事情他不清楚，而老总出差去了，必须等老总回来才能解决。

　　办公室里还有一个和主编工龄差不多的女人，她是副主编。她的魄力和能力其实比主编要强得多，但是因为老板坚持让现在的主编成为自己的助手，尽管这个主编实际上什么事情也没帮到他。副主编在主编挂断电话之后不解地问他为什么不和人谈谈价格，这批书是完全可以卖出去的，没想到主编说："这又不是你我的事，你瞎操什么心？老板回来了他自己不会弄啊？我可不想做这种不靠谱的事！"副主编一听就说："这是老板给你的工作呀！"没想到主编说："那他怎么不给我钱呀？"说完也不理副主编，自己回电脑前玩游戏去了。

　　这件事副主编并没有和老总说，只是自己计算了一下，找了一个买家将书卖出去了。老总回来以后看到书卖得比自己估计的价格要高，就把主编夸奖了一番。这时候平时就看不惯主编拿钱不干事还趾高气扬的人就对老总把事情的经过说了，老总终于下狠心将主编免了，副主编升了职，还加了工资。

　　对于老板分配下来的任务，员工要做的不是纠结于指派的任务太多或者太繁重，而是认真地分析一下，然后将事情解决。没有哪个老板喜欢一个整天对自己的事情爱理不理，却喜欢把事情推给别人的人。即使是你真的愿做而不会做，老板也会怀疑你的能力，从而不给你升职、加薪的机会。员工在接受老板薪水的同时，也接下了一份责任，就是将自己的本职工作认真完成的任务，这不仅是一种价值的变相交换，也是实现自己人生的方式。将事情做好的员工，不管走到哪里都是受老板欢迎、受老板器重的好员工。

很多员工脑袋里面都有一种奇怪的想法，一方面希望自己的工作轻松简单，另一方面又希望老板付给自己高薪。而生活中从来不存在这样的事，只有付出才会有收获。要想获得高工资，就必须拿出与之匹配的工作成绩，而不是在那里一味地抱怨老板或者公司。还有人觉得公司是老板的，与自己没有关系，自己只是一个帮助老板成功的工具，所以对待事情不尽心尽力，遇到一点困难就推脱说做不了，或者干脆不做。这样的态度不但不能让人成功，还可能连工作都丢了。公司就相当于一个大家庭，只有老板好了，员工才能好。

在一次员工大会上，某著名企业的董事长说了一件自己经历的啼笑皆非的事情。

董事长因为合作的事情去了国外，公司的事情都是管理层的一些人在打理。有一天，有一个小部门遇到了麻烦，于是员工就将问题反映给了部门小主管。小主管一听又立刻将问题反映给了整个组的主管。组主管听后又马上把问题反映给了总经理。总经理听后立刻慌了神，拿起手机就给海外的董事长挂了个电话，问事情要怎么办。董事长一听立刻火冒三丈，他搞不明白自己花了那么多钱请这些人来是干什么的，遇到什么问题不是自己首先想办法解决，而是不惜给远在国外的自己打电话。

人都有劣根性，不喜欢做事情，或者太依赖别人，希望他们能把自己的事给做了，然后坐享其成。世界上没有这么美的事，即使是身为老板的人也是自己一点一滴做起来的。推卸问题永远不能将问题解决，只有积极地开动脑筋想办法，才能把事情做好，赢得老板的信赖。最重要的是，无论如何都不要将问题留给老板。

第四章 ／ 立即行动
有马上去做的责任感，收获就没有难度

> 工作是干出来的，没有行动就不可能获得任何回报。行动
> 会使你克服恐惧，获得充实感、快乐感，会让你禁不住一次次
> 往前冲。所以工作的最好方法就是少犹豫，多采取行动。当你
> 养成"现在就行动"的习惯时，你就掌握了个人进取的精义。

◎ 行动力就是竞争力 ◎

行动力就是战斗力。提升执行力，也就意味着提升利润和营业额，也就
意味着我们的竞争力得到了提升。

在今天的商业社会里，市场就是没有硝烟的战场，企业的生存和发展必
须要靠对战略实实在在的行动来实现。企业没有执行力或执行不到位，只会
意味着危机、失败，甚至破产。同样，在充满竞争的职场上，任何组织及其
成员要想在竞争中脱颖而出、立于不败之地，都要靠不折不扣的行动力。

执行力就是竞争力，执行力就是战斗力。现代企业组织并不缺乏明确理
智的战略，也不乏才华横溢的领导者和员工，很多企业之所以在市场中被淘

汰，缺乏的只是把战略落实到行动的行动力。企业要做大做强，必须要有一个有行动力、有战斗力的团队。

李健熙是韩国三星集团的董事长，三星集团是他的父亲创立的。他的父亲将他送到日本早稻田大学读书，让他到日本好好学习日本人是怎么做事的，回来研究韩国人应该怎样做。

李健熙从日本早稻田大学毕业之后，到韩国三星集团担任干部，他父亲过世之后又接任董事长一职。1987 年，李健熙担任三星集团董事长。届满 5年，他诊断出企业存在很多病灶：三星电子已经到了癌症晚期；三星重工明显营养失调；三星建设就像得了糖尿病；三星化工属于先天性残疾，一开始就不应该存在。从此，他开始大刀阔斧地改革。

又过了 5 年，李健熙在三星集团东京会议上发言，认为三星明显只有二流水准，他说："我们的产品为什么需要售后服务呢？为什么不将产品制造到不会发生问题呢？"他认为员工制造出不良的产品，应该觉得丢脸或者生气，证明自己的执行力不行。

李健熙还给三星的员工提出一个问题：该如何以最便宜、最快速的方式制造出最好的产品，才是关键所在。李健熙提倡员工："从我开始改变，除了妻儿一切换新。"要求从领导到普通员工都"从我做起"，提高自己的执行力。

从那天开始，三星公司的员工开始严格要求自己，他们做的每一件产品都非常好。凭着这种精细到位的执行力，三星逐渐成长为一家在全球范围内竞争力都很强的公司。

为什么三星从一个二流企业变成一流企业？他们的业务不是独一无二的，

他们的技术不是别人掌握不了的，他们的机器设备也不是全球垄断的，但是为什么他们能做出的业绩别人做不出来？就是因为他们有执行力——公司的战略能够不折不扣地落实到终端产品上。

管理学大师彼得·德鲁克说："100多年以前，当大型企业首次出现时，他们唯一能够模仿的组织就是军队。"人类组织发展的历史证明：世界上最有效率的组织是军队。如果一个企业的执行力像军队一样，那么何愁不能发展壮大呢？

对于任何一个组织而言，要想完成计划和任务、达到目标，每一个团队成员必须全身心地投入组织的日常运营当中。执行是上至最高领导者，下至门卫、清洁工都应该认真对待的工作。如果没有执行，再宏伟的战略、再完美的计划也不过是一纸空文、纸上谈兵罢了。

执行力就是战斗力。一个缺乏执行力的组织，是注定要失败的。无论是企业整体还是员工个人，事业成败的决定因素往往也是执行，因为只有执行到位才能真正达到预期效果。在工作中，当我们提升执行力时，也就意味着我们要提升利润和营业额，也就意味着我们的战斗力得到了提升；工作没有坚决贯彻落实到底的执行，就像军队空有飞机大炮但没有战斗力。

优秀的员工，不论是处在领导位置上还是普通的岗位上，都会对自己的职责不折不扣地执行到底。只有这样，才能提高个人的战斗力，为团队做出更大的贡献。同样，如果每个成员都拥有完美的执行力，那么这个团队就是攻无不克、战无不胜的。

◎ 在你"干等"的时候，机遇已悄悄溜走 ◎

为拖延找借口的人缺乏必要的责任心，他们在被动等待的时候，成功的机遇已经悄悄溜走。

在公司里，人们经常会听到同事这样说："今天任务很轻松，我先喝杯茶再做吧。""离下班还有三个小时呢，等会儿我再做也不迟。""报告不是周末才交吗？今天不用急。"这种拖延工作的借口乍听上去似乎没什么不妥，反正不耽误事就行了，细细思量，却根本不是这么回事。

时间管理专家皮尔斯曾这样说过："千万不要以为拖拖拉拉的习惯是无伤大局的，它是一个能使你的计划、抱负落空，破坏你的幸福甚至夺去你的生命的恶棍。"为拖延找借口的员工对于自己的工作缺乏必要的责任心，他们只是被动地完成任务而已：如果时间充裕，他们就会浪费；如果时间刚好或者稍微有点紧张，他们的工作就不能按时完成。他们早已为自己的懈怠找好了借口："等会儿再做好了。"殊不知，在你"等会儿"的时候，成功的机遇已经悄悄溜走，一去不回头了。

艾佳在一家网络公司做网站编辑，她很有才华和创新精神，但是她的效率也总是让人不敢恭维。在工作中，她总是拖拖拉拉，时常不能按时完成老板布置的工作任务，还总为自己的拖延找理由。

有一次，老板将新签约的一个产品宣传方案交给艾佳，并告诉她客户非常急切，要求必须在 3 天内完成。艾佳接过任务，心想还有 3 天时间，便将工作暂时放在一边，不急不慌地偷个菜，刷新下"围脖"，浏览一下团购网站看看有没有便宜货……

当艾佳玩了两三个小时，准备开始工作的时候，却被人力资源部门的领导叫去参加一个半天的培训班。等到培训结束回到办公室之后，艾佳不慌不忙地泡了杯咖啡，这才翻开了那个方案。不过，等到她心不在焉地准备着手时，她发现还有半个小时就下班了，于是她干脆停下来等着下班。她想："不着急，等明天再做工作吧！"

第二天到了公司，艾佳想起好久没有玩以前的一款游戏了，先玩会儿再工作吧。就这样边玩边工作，很快一天的时间过去了，这时候方案完成了还不到一半。

第三天依然如此，正当艾佳玩得兴高采烈时，老板的电话来了："艾佳，工作进行得怎么样啦？其他同事已经交任务了，你呢？"艾佳这才想起今天已经是第三天了，她以学习耽误了时间为借口，请老板不要着急，自己正在赶工。最终她虽然完成了任务，但是后面的部分非常仓促，几乎是在应付。

最后这个方案被客户完全否定了，客户认为这个方案纯粹是在敷衍。为此，艾佳受到了老板的严厉批评和警告。

很多人跟艾佳一样，工作中没有紧迫感，经常不能按时完成任务，而且还特别喜欢为自己的拖延找借口："手头的资料和信息不全啊，还是等到明天再开工吧！"其实，手头的资料足以完成任务的一半了，但是"今天"却被这个借口无情地否定了，好像今天不是工作时间，明天才是。

拖延，是一种很坏的工作习惯。为拖延找借口，更是不负责任的表现。没有责任心的人对工作敷衍应付，得过且过，能拖到明天做的事情绝不在今天着手，能下一分钟开始的事情，这一分钟绝不去想。这种人在接到任务以后，大脑里那个没有责任感的声音就会说："反正领导不着急要结果，等一会儿再做好了"，"先看完这半场球再做，反正耽误不了多少工夫"，"跟老王研究研究，商量商量再做吧"……就这样自己把自己给说服了，然后心安理得地去拖延，"任他风吹浪打，我自岿然不动"，把工作往后一拖再拖，白白浪费了大好时间。

带着拖延这种不负责任的念头工作，就像是自己给自己放了假。虽然人在岗位上，但是心已经去休息了，这样很容易降低工作效率，这种做法只会使我们把"现在"这个时段浪费掉。同时，经常不能按时完成任务，也会使人们对自己越来越失去信心，感觉工作压力越来越大，最终导致自己在职场上一败涂地。

很多人常常因为拖延时间而心生悔意，然而下一次又会习惯性地拖延下去。三番五次之后，就会视这种恶习为自然，以致漠视了它对工作的危害。今天把工作推到明天，明天把工作推到后天，许多成功的机会就在一而再，再而三的拖延中失去了。

如果你发现自己经常为了没完成某些工作而制造各种借口，或是想出千百个理由来说服自己拖延也没关系，或者为没能如期实现计划而辩解，那么你已经是对自己和工作不负责任了，已经到了很危险的地步了。这时候一定要及时警醒，这样下去，你的成功只能是镜中花、水中月。

拖延是职场上影响人们成功的慢性却足以致命的毒药，是一种危险的恶习。拖延会侵蚀人的意志，消耗人的能量，阻碍人的潜能发挥。一旦遇事开始推脱，就很容易再次拖延，这样就会常常陷入一种恶性循环，拖延导致工作低效和情绪受到困扰，工作低效和情绪困扰又导致了继续拖延，直到变成一种根深蒂固的习惯。为此，人们常常苦恼、自责、悔恨，但又无法自拔，结果一事无成。

大家都知道，拖延并不能解决问题，大家也都不想拖延，给工作造成危害。但是很多人常常无意识地就为拖延找借口开脱，归根结底，还是因为责任心不够强。为拖延找借口，比拖延工作本身危害更大。一旦用这些愚蠢的借口说服了自己，就会觉得这种不负责任的拖延行为是无所谓的、正常的。如此下去，责任心就会像冰山一样一点点融化，最终完全丧失。到那时，即使还能在职场上勉强立足，也不过是苟延残喘罢了，成功会成为永远的可望而不可即的海市蜃楼。

所以，要想做个有责任心的人，要想成为一个在职场上取得瞩目成就的人，就要坚决把为拖延找借口这种恶习消灭在萌芽状态！

◎ 成功不在于"知道"，而在于"做到" ◎

一个人要想成功，就要从积极行动开始。成败的关键在于，前者能够积极行动，后者则不能。

《论语·里仁》里有这样一句话："君子欲讷于言而敏于行。"大意是说，君子的修养是说话的时候要谨慎，而做事的时候要行动敏捷。我们把这句话引申到职场上也是适用的，成功要靠积极的行动来打造。

任何一个成功的企业或者个人，如果没有高效的执行力，那么不论这个企业的战略规划多么长远完美，个人多么睿智或者才华横溢，都只能是昙花一现，顶多偶尔发发光罢了。如果缺乏积极的行动，那么一切不过是表面的虚假华丽，没有货真价实的东西。

一个人要想成功，就要从积极行动开始。成功者与失败者的不同就在于，前者能够积极行动，"敏于行"，后者则不能。企业或者个人的成功，不在于能知，而在于能行。

陈金飞谈到他创业阶段的时候曾说，起步是最为艰难的时刻，但是只要积极地去行动，那么离成功就会很近。

陈金飞创业之初很艰难，他的办公室非常地简陋。他的厂房也盖得很随便，根本没有设计图纸，跟现在的市场大棚差不多。屋内的办公设备也很简单，仅有他自己动手改造的一个办公桌和几个小板凳，还有一把老式竹椅。

但是就是在这里，陈金飞积极地实践着他的创业计划。他在这个简陋的地方接待了很多重要的客户，其中还包括外商。

陈金飞的第一笔生意，是给北京篮球队印几件球衣的号码。他和工人们一起动手，不到 10 分钟就干完了，这笔生意他们赚了 35 元钱。

陈金飞认为他成功的原因是靠积极的行动。当时有好多人条件比他们好，资金比他们雄厚，却没有成功。就是因为他们束手束脚地不去行动，结果错过了机会。

那时有一个美国发泡印花订单，当时这种发泡技术还没人掌握，就连国营大厂都不敢接，他们怕麻烦，更不愿意冒险，因此都不去尝试。后来，外贸公司找到了陈金飞，他一口答应了下来。但实际上，他们根本就不知道怎么干。他积极地想办法解决，天天跑化工商店，请教工程师，整天做实验，最后终于掌握了这项技术。就这样，他们靠着这股积极行动的干劲做成了近百万元的生意，公司前期几百万元的收入主要都是来自发泡印花的订单。

靠着这些资金和积极行动的做法，陈金飞一步步建立了他的商业王国。

无论我们做什么事情，都要有一种积极行动的意识。我们要相信一点：只有行动才能带来结果，只有我们把目标、梦想付诸行动，我们才能走向成功，才能把梦想变成现实。每个人都有巨大的潜能，不积极行动，只躺在床上梦想成功，这些能力是难以激发出来的。只有向着目标坚定不移地积极行动起来，才能将前进道路上的障碍和困难统统解决，走向成功。

古罗马一位大哲学家曾说过："想要到达最高处，必须从最低处开始；想要实现目标，必须从行动开始。"毋庸置疑，在竞争激烈的职场中，你只有立即着手积极行动，一步一个脚印地做好手中的事情，你才有可能比其他人更快地接近目标，攀上人生的顶峰。

千里之行，始于足下。在职场中行走，一定要明白这个道理。在成功的漫漫征途中，每走一步都会缩短与成功的距离，留下坚实的脚印。如果没有行动，不肯迈出你前进的脚步，那么纵然成功离你很近，也永远不能到达。

还有一个例子：

曾经有一位65岁美国的老太太，她从纽约市出发，步行到了佛罗里达州的迈阿密。当她到达目的地的时候，有一位记者采访了她，想知道她这一路是如何走过来的，到底是什么样的力量支持着她走完全程的。

老人回答说："走一步路是不需要多少力气的，我所做的就是这样：走一步，再走一步，一直走下去，结果就到了。关键是，你要迈出你的脚步去行走。"

成功源自于积极行动，只有行动才会产生结果。当一个人积极地去行动的时候，就能够充满力量和激情地去挑战一切困难，任何伟大的目标、伟大的计划，最终必须落到行动上才能实现。正如乔治·马萨森所说："我们获胜不是靠辉煌的方式，而是靠不断努力的行动。"

记住杰克·韦尔奇给年轻人的忠告吧："如果你有一个梦想，或者决定做一件事，那么，就积极行动起来。"有些人之所以不能积极地投入行动，有些是因为心中的不自信，不相信自己能做好，不相信自己能成功。确实，世界上没有万无一失的成功，即使付诸行动也不一定能够成功，但若不付诸行动，那就肯定不能成功。不经历风雨，怎么见彩虹？

　　每一个人，要想在职场中获得成功，要想在人生的激流中破浪前行，创造自己的奇迹，就不要怕在前进路上经历风雨，应该积极地行动起来，风雨兼程，向着理想的彼岸奋勇前进。

◎ 行动要一鼓作气，争取胜利 ◎

　　做任何事情，趁一开始情绪高涨、干劲旺盛时全力以赴，咬紧牙关干到底，就容易出成绩。

　　《左传·庄公十年》中有这样一段话："夫战，勇气也。一鼓作气，再而衰，三而竭。"说的是做任何事情，趁一开始情绪高涨、干劲旺盛时全力以赴，咬紧牙关干到底，就容易出成绩。如果事情老干不好，原有的勇气和力量就逐渐衰退而尽了。

　　在工作中，要提高工作效率，加强执行力，就要学会"趁热打铁"，趁着自己的理想还未消逝，趁着自己的热血还未冷却，趁着还未遇到不可战胜的障碍，趁着良好的开端，趁着昂扬的斗志，趁热打铁，工作就能势如破竹，取得理想的战果。

　　工作就像是登山，我们体力旺盛的时候步伐是轻快的，心情是愉悦的，等到半山腰的时候我们体力下降，自然就动力不足了。这时，我们最好能够一鼓作气地登上山顶，就算休息，也要在风景最美的顶峰休息。如果不能趁热打铁，而是在半路上停下来，就会越休息越觉得疲劳，越没有动力，那么我们登上山顶就需要付出更多的时间和体力了。趁热打铁的行动往往事半功倍，因为"惯性"也是一种助力。

雅典城有一位英俊潇洒的哲学家，他风度翩翩，眼神忧郁而迷人，天生有一种吸引异性的气质，为众多的女人所仰慕。

一天，一位美丽优雅、聪明贤惠的女子从其他城邦风尘仆仆地慕名而来。这名女子见了哲学家以后羞涩地对他说："你就像天空中的星星那么耀眼，让我做你的妻子吧！错过我，你将再也找不到比我更爱你的女人了！"尽管哲学家对她也是一见倾心，但哲学家的工作是思考，所以，不顾对方幽怨热切的眼神，他告诉那位美丽的女子，自己仍然需要考虑考虑。

女子依依不舍地走了，哲学家按捺住内心像火一样燃烧起来的爱情，开始用他理性得像石头一样的大脑思考，将结婚的得失、好坏分别考量了起来。他发现这是一个非常复杂的难题，他力求把这问题搞清楚，这样日子就一天天过去了。

哲学家最终也没有得出一个明确的结论，不结婚的处境自己是清楚的，但结婚会是怎样的情况自己还不知道。经过痛苦的挣扎，他决定选择那位女子为妻，体验一下结婚的感觉。他下定决心，答应那个女人的请求。做出了这个艰难的决定之后，他心中宛若放下了一块大石，当天夜里，终于睡了一个安稳觉。

第二天一早，哲学家怀着愉快的心情赶了一天的路来到了女子的家中，对女子的父亲说："您的女儿呢？我已决定娶她为妻了！"他的脸上带着诚挚的、迷人的微笑。

谁知这位父亲很冷漠地回答："你来晚了，我女儿10年前已经出嫁，现在已经是两个孩子的母亲了，她生活得很幸福！"

　　哲学家听了，悔恨万分，当时为什么不趁热打铁，娶了这位女子呢？于是，他懊恼地回到家中，整日郁郁寡欢，不久就去世了。在他的墓碑上，刻着这样一段话："当你心中沸腾如火时，千万不要让犹疑的冰水熄灭了它，只管放手让它去燃烧。"

　　成功者比起平庸者，往往并不是出色很多，他们灵感的火花初现的时候，也不见得就比别人的耀眼、光明。但是，他们心中的激情化作了可以燎原的星星之火，燃烧起来了。而很多人，往往在那一瞬热血沸腾，之后就归于冷寂，又过起了日复一日平淡如水的日子。灵感往往转瞬即逝，所以我们应该及时抓住，要趁热打铁，立即行动。

　　在平时的工作中亦是如此，很多时候，我们手头的工作正在进行，我们会不理智地中止它，把注意力放在了其他事务上。等到我们再回过头来处理这件工作时，恐怕又得从头开始，或者已经不能保持原有的激情和动力了，这就降低了我们的工作效率。

　　唐朝的天才诗人李贺，素有"鬼才"之称。他才华横溢，诗风追求怪奇，主观想象极为丰富，后人因而称为"长吉师心，故而作怪"。

　　与李贺一起交游的人，以王参元、杨敬之、权璩、崔植这些人最为密切。李贺每天早上出去与他们一同出游，每次出去，总要背一布袋。如果骑驴外出，则总在驴屁股上挂一个"诗布袋"。这个布袋是干什么用的呢？在行走过程中，如果突然灵感来临，偶得诗句，便立即写下，放在布袋里。晚上回家后，李贺就会让婢女取出草稿，研好墨，铺好纸，把那些诗稿补成完整的诗，再投入其他袋子。只要不是碰上大醉及吊丧的日子，他全都这样做。也就是说，这是他一贯的工作方式。

李贺常常独自骑驴来往于京城长安和洛阳之间，所到之处有时写了作品，也随意丢弃，所以保存下来的李贺的诗作数量不多。虽然不多，但多有佳句，这得益于他一有灵感马上记录、趁热打铁的做法。

有一种沉重的飞轮，要使静止状态的飞轮转动起来，一开始必须用力推，每转一圈都很费力，但是每一次转动都会使飞轮速度变快。当速度达到某一临界点后，飞轮的惯性和冲力就会成为推动力的一部分。这时，无须再费多大的力气，飞轮就会快速不停地转动了。

当一项工作正在有条不紊地进行，我们就要趁热打铁，把工作持续下去，这样就可以借助"惯性"的力量，工作就能水到渠成地获得良好的效果。利用"惯性"，我们在工作中可以省时省力，尽量不要在做着一项工作时停顿下来去开始另外的工作，这份工作没做完又被第三件事情牵扯了精力。如果是那样，很容易使工作前期投入的精力和时间打水漂。

打铁要趁热，这是个时机问题，也是个效率问题。工作中，我们的时间、精力有限，激情和动力也有高峰低谷，我们要把工作当作一场战争，只要战争开始了，就要一鼓作气，争取胜利，而不要还没等到战争结束就发动另一场战争，两线作战是军事上的大忌，也是工作中的大忌。

◎ 成功没有侥幸，实干决定命运 ◎

任何工作都是干出来的，没有付出就不可能获得任何回报。

我们都知道守株待兔的故事：一位农夫在种田的时候，偶然遇到一只兔子撞死在木桩上，于是他坐在旁边干等着千千万万的兔子接着撞过来。可惜的是，直到他的地里长满了荒草，荒芜得不成样子，也没有再次等来一只倒霉的兔子。

谁都知道天上是不会掉馅饼的。同样，职场上也不存在不劳而获的事。如果谁还存在侥幸心理，那么势必会被南墙撞得头破血流。一座高楼大厦，要从理想中的设计蓝图变成现实的建筑，离开踏踏实实的工作是不行的，缺少一砖一瓦都不能成为一座完美的建筑。这一砖一瓦都不是天上飞来的，都需要实实在在地工作来实现。任何人如果存在侥幸心理，不付出努力，而坐等天上掉馅饼，都是不现实和非常愚蠢的。工作都是干出来的，没有付出就不可能获得回报。

老张和老王是邻居，而且他们是几十年的同事和老朋友了。他们原先同在一家机械厂上班，老张是工厂里的工程师，老王则是一名普通的车间技术工人。

非常不幸的是，近几年由于市场竞争日益激烈，他们所在的工厂经营不善，倒闭了，他俩都被买断了工龄而下岗了。两个人才40多岁，下岗之前都是家里的顶梁柱，总不能一直在家闲着吧？为此，两个人合计着得尽快找个工作，重新上岗。

虽然下岗了，老张对自己的前途还是很乐观的，他觉得自己是工程师，是高级人才，到哪个单位还不得抢着要啊？于是，他在报纸上发布求职信息，要求的薪酬待遇很高，他相信自己一定能遇到"伯乐"。老王本来就是一名普通的技术工人，他的求职要求并不高，只盼着尽快结束失业的日子。

后来，当地一家企业招聘了他们。虽然他们是老工人了，但是按照规定，他们还是要有3个月的试用期。对此，老张颇有怨言，而老王则踏踏实实地做起了工作。

老张的工作还跟原来一样，每天上班就是晚来早走，上了班也是喝茶看报，效率极低。老板吩咐他做的设计工作，他认为都是小儿科，一点都不放在心上。他想："我是工程师，是人才，怎么着老板也得高看一眼吧？"

三个月试用期很快过去了。结果，作为高级人才的老张收到了解聘通知书；而老王，因为扎实肯干的工作作风，直接被正式录用为段长。

老张躺在自己"工程师"的招牌上心存侥幸，以为公司会很重视他这位"人才"。但是，企业是讲效益的，工程师不能创造效益也一样会被淘汰，千里马如果不跑还不如老黄牛快。工作是干出来的，不去付出努力，而只是心存侥幸，准备坐享其成是行不通的，企业终究不是养老院。

在职场上，我们需要的是实实在在的付出和努力，存在侥幸心理是要不得的。工作成绩不是想出来的，也不是看出来的，更不是等出来的！成功的理想和现实之间，没有实干铺路是不能通达的。冰心曾经写过一首诗："成功的花，人们往往只惊慕她现实的明艳，然而当初她的芽儿，浸透了奋斗的泪泉，遍洒了牺牲的血雨。"

成功是什么？成功是屋檐下一滴滴雨水穿透顽石，成功是一粒粒沙聚成高塔，成功是默默流汗、埋头苦干地付出……要想成功，少付出一点汗水都是不行的。那些守株待兔、坐等天上掉馅饼的人终究不能由一粒种子长成参天大树，他们注定触摸不到成功的衣角。

在拿破仑帝国时期，法兰西与欧洲发生了连绵数年的大规模战争。当时，指挥同盟军的是威灵顿将军。

然而，威灵顿指挥的同盟大军在天才的拿破仑面前一败再败。在一次大战中，同盟军再次惨败，威灵顿狼狈不堪地逃到一个破屋里。想到当天的惨败，威灵顿恨不得一死了之，他甚至祈祷上帝让拿破仑从马上掉下来摔死。

就在此时，威灵顿发现墙角有一只蜘蛛在结网，但是还没结好就被风吹断了。于是，蜘蛛又重新忙了起来，但这次还是没有结成。威灵顿望着这只失败的蜘蛛，不禁又想起自己的失败，更加唏嘘不已，同病相怜。

但蜘蛛并没有放弃，它又开始了第三次织网。蜘蛛的这次努力依然以失败而告终，但它丝毫没有放弃的意思，仍然继续着它的工作。它就这样锲而不舍地干着。

第七次，蜘蛛终于把网结成了！

威灵顿看到这一切，不禁流下了热泪，他被蜘蛛永不放弃的实干精神深深感动了。他决定继续带领他的部队干下去。

后来，威灵顿终于在滑铁卢一役打败拿破仑，取得了决定性的胜利。

成功没有侥幸，实干决定命运。

诚然，人的生存和发展背景是不同的。但是，含着金汤匙出生并不叫成功，那只能说是在某些方面比较幸运罢了，个人的成功还是需要自己的努力。而且，对所有的人来讲，都不可能重新降生到一个让人羡慕的家庭。在工作中，我们必须抛弃所有伤春悲秋的抱怨和一夜功成名就的侥幸心理，只有实干才能实现你的价值，也只有实干才能给你带来真正的成功。

实干，是一个人在职场上的立足之本。如果不能实实在在地干事，反而抱着侥幸心理盼望领导的目光注视在自己的身上，那是很不成熟的想法。我们已经不是小孩子了，作为一个成熟的职场中人来讲，盼望老板或者命运的恩赐就很不理智了，一切都要靠自己的努力去争取。

生活在充满竞争的世界，也许你在苦苦等待哪一位伯乐慧眼发现，一下子就把你放在位高权重的位置上。但是，请放弃不切实际的侥幸心理，你要相信，机遇只青睐那些有准备的人，任何工作都是干出来的。努力工作吧！我们要获得成功，根本不需要等待撞死的兔子，我们只需要收获自己播下的种子结出的果实。

第五章 ╱ 勇于承担
有承担任务的责任感，工作就没有难度

工作不需要借口，任何借口都只能是工作中的阻碍。成功只属于那些有强烈责任心、没有任何借口的人。有了责任心，才会认真地思考，勤奋地工作，圆满解决问题，进而按时、按质、按量完成任务。只要能够勇敢地担负起责任，就能创造出价值。

◎ 借口无论高明或笨拙，后果只有一个 ◎

"没有借口"可以激发人的潜能。如果能够将找借口的创造力用于寻找解决问题的方法，人生境况会大不相同。

有些人不敢担当责任，他们善于寻找各种各样的借口来为自己的失职推脱。"我可以早到的，如果不是下雨堵车。""那个客户太挑剔了，我无法满足他。""手机没电了，所以我没有联系上那个客户。"只要用心去找，借口就像海绵里的水，总是有的。

这些人宁愿绞尽脑汁去寻找借口敷衍塞责，也不愿意多花点心思把事情

做好。借口或许可以让这种人暂时逃避困难和责任，但是时间长了，推卸责任就成了一种习惯。借口说出来很容易，但是要消除在老板心中的坏印象就难了，这对个人的发展是很不利的。

某家大型企业最近一个月的业绩明显下滑，老板非常着急，于是召集各部门负责人开了个月度总结会。在会议上，老板让公司的几个负责人讲一讲公司最近销售方面发生的问题。

销售经理首先站起来说："最近销售做得不好，我们部门有一定的责任。但是，主要原因不是我们不努力，而是竞争对手纷纷推出新产品，他们的产品明显比我们的好。"

研发部门经理说："最近，我们推出的新产品非常少，但是我们是有实际困难的。原本不多的预算，后来被财务部门削减了不少。依靠这些资金，我们根本研发不出有竞争力的产品。"

财务经理说："我是削减了你们的预算，但是你们要知道，公司的采购成本在上升，我们的流动资金没有多少了，公司面临很大的财务压力。"

采购经理忍不住跳了起来："不错，我们的采购成本是上升了，可是，你们知道吗？某国的一个锰矿被洪水淹没了，导致了特种钢的价格上升。"

大家说："原来如此。这样说，这个月的业绩不好，主要责任不在我们啊，哈哈……"

最后，大家得出的结论是：应该由某国的矿山承担责任。

公司的老板面对这种情景，无奈地苦笑道："矿山被洪水淹了，这样说来，那我们只好去抱怨该死的洪水了？"

故事中的那些部门经理不但不承担自己的责任，不去积极主动地寻找解决办法，反而尽力找借口推脱。一旦所有的部门都形成了这种风气，就会造成整个团队的战斗力锐减。大家对公司的利益漠不关心，最终这个企业将走向没落，树倒猢狲散。公司和个人都要为这种推卸责任的恶习埋单。

实际上，任何借口都是在推卸责任。在责任和借口之间，选择责任还是选择借口，体现了一个人的生活和工作态度。在工作过程中，总是会遇到挫折，是迎难而上还是做一只把头埋在沙子里的鸵鸟？如果总是找借口推卸责任，就很难给自己带来不断进步的动力，即使工作上出了什么问题，你也不会从中汲取教训，学到东西。但是，有了机遇或者好的职位，同样也轮不到你。

在 1968 年墨西哥城奥运会马拉松比赛上，坦桑尼亚选手艾克瓦里吃力地跑进了奥运体育场，他是最后一名抵达终点的选手。

这场比赛的优胜者早就领了奖牌，庆祝胜利的典礼也早已经结束。因此，艾克瓦里一个人孤零零地抵达体育场时，整个体育场已经几乎空无一人。艾克瓦里的双腿沾满血污，绑着绷带，他努力地绕完体育场一圈，跑到终点。在体育场的一个角落，享誉国际的纪录片制作人格林斯潘远远地看着这一切。接着，在好奇心的驱使下，格林斯潘走了过去，问艾克瓦里："为什么这么吃力地跑至终点，为什么不放弃比赛呢？"

这位来自坦桑尼亚的年轻人轻轻地回答说："我的国家从两万多公里之外送我来这里，不只是让我在这场比赛中起跑的，而是派我来完成这场比赛的。"

多么感人、质朴的话语。假如艾克瓦里中途放弃的话，没人会怪他，而且会有"第一次参赛，经验不足"、"状态不佳"的借口……但是，他用实际行动向世人证明责任需要的是承担而不是借口。他以另一种方式赢得了全世界的尊重。

在工作中遇到了问题，特别是难以解决的问题，可能让你懊恼万分。这时候，千万不要为自己找借口、推卸责任。借口找多了，人会疏于努力，不再设法争取成功，而把大量的时间和精力放在如何寻找一个合适的借口上。任何一个老板都欣赏勇于承担责任的员工，不喜欢什么事情都找借口的员工。找借口推卸责任只能让员工在职场的道路上走下坡路，最终沦为碌碌无为的庸才。

在工作中，无须任何借口，许多失败，就是由那些一直麻痹着自己的借口导致的。迟到了就是迟到了，事情办砸了就是办砸了，项目失败了就是失败了，再好的借口也无济于事，再美丽的谎言也不过是不负责任的遮羞布。如果那些一天到晚总想着如何找借口的人，肯将一半的精力和创意负责任地用在工作上，他们一定能在职场上取得卓越的成就。

优秀的员工从不在工作中寻找任何借口，他们总是把每一项工作尽力做到超出客户的预期，最大限度地满足客户提出的要求，而不是寻找各种借口推诿；他们总是出色地完成上级安排的任务，替上级解决问题，而不是强调困难；他们总是尽全力配合同事的工作，对团队的责任从不找任何借口推脱或延迟。"没有借口"看似冷漠、缺乏人情味，但它却可以激发一个人最大的潜能。如果员工能够将找借口的创造力用于寻找解决问题的方法，情形也许会大为不同。

那些实现自己的目标、取得成功的人，并非有超凡的能力，而是有超凡的心态。他们从不找借口推卸责任，而是勇于承担，竭尽全力去圆满地完成任务。在现实生活中，职场上缺少的正是那种想尽办法去完成任务，而不是去寻找借口的人。工作之中不找任何借口，体现的是一种负责、敬业的精神，这种精神是所有企业和团队的宝贵财富。

不找借口推卸责任的人能积极地抓住机遇、创造机遇，而不是一遭遇困境就退避三舍、寻找借口。想要在职场上获得成功，就必须改正把问题归咎于他人或者周围环境的习惯，停止寻找或高明或笨拙的借口，勇敢地担起自己的责任。在自己的岗位上，尽最大的努力把事情做好，一切后果自己承担，决不找借口，不推卸责任。如此，才能在职场这个战场上攻无不克、战无不胜。

◎ 勇于承担，与公司共渡难关 ◎

在老板需要帮助的时候，不要做旁观者，应勇于承担责任，做力所能及的事情。这样的优秀员工才能在职场上有所收获。

职场上，常常听到这样的声音："这是老板需要考虑的事儿，你一个打工的瞎操什么心啊？""听说公司财务状况出问题了，你怎么工作还这么认真呀，还不赶紧想办法另外找个出路？""其实我知道怎么打动这个客户，不过老板让小王负责了，现在拿不下来不关我的事，让老板自己着急好了。"这种对老板的忧难袖手旁观，甚至幸灾乐祸的员工，大有人在。

这种员工，总觉得老板的困难与自己无关，自己该怎么干活儿还是怎么干活儿，该拿多少工资就拿多少工资，对老板头疼的问题一点都不操心。其实，这是缺乏责任心的表现。他们没有把老板当作团队的一分子，老板虽然是员工的上司和雇主，但也是团队的一员，也是与员工休戚与共的同事。老板的困难不能解决，往往会给整个企业带来损失，对每一个员工都会产生不利影响。员工应该勇于承担更大的责任，为老板排忧解难，促进整个企业更好地发展。

宋亮是某公司的人事部经理，最近他发现自己的老板状态不佳。老板的业务能力很强，平时工作效率很高，处理事情井井有条、速度很快。但是这些日子，每次到了下班时间老板还剩下很多事情处理不完，一连好几天都是这样，而且一向谈笑风生的老板总是一副愁眉不展、无精打采的样子。

老板的状态实在是让人无法理解，而且他的意志消沉导致了公司的工作计划没能按时完成。客户对公司的表现已经流露出明显的不满，有的已经对延误交货时间提出索赔要求了。宋亮看到公司因此而受到损失，看到很有才华的老板因此而消沉下去，非常着急。

一天早上，宋亮在汇报完工作之后，用聊天的口气跟老板说："王总，家里都还好吧？"老板说："唉，我正头疼呢！我太太生病住院了。这几天搞得我筋疲力尽的。"

"哦，严重吗？难怪我看您脸色不好呢。"

"其实也没什么，就是现在孩子没有人接了，我晚上还要去医院陪太太，休息时间少，有点累。"

"我看您精神不太好。如果有用得着我的地方，您尽管吩咐。这样您可以多点时间陪陪家人。"

老板听到这番话，很是欣慰。他把一部分工作交给了宋亮，并对宋亮说了一番信任和感激的话。接手工作后,宋亮一丝不苟,力求将每一项工作都做好,遇到不明白或不熟悉的问题,他就主动向老板或同事们请教,非常负责。在他的努力下,公司的工作有了明显的起色,宋亮本人也在工作中得到了更多的锻炼。

后来,谈起这一段经历,老板总是很感激地对宋亮说:"那时多亏你主动承担起责任,不然我还真的很难办。"通过这件事,宋亮得到了公司上下的尊敬和赞誉,更是成了老板的好"战友"。像宋亮这样勇于承担责任,能在关键时刻主动替老板分忧、顾全大局的员工有哪个老板会不喜欢呢?

公司的经营和运转跟个人的职场生涯一样,也不会一帆风顺,也会出现许多意外事件,老板也会遇到各种各样的棘手难题。这时候你不要想:反正不是我一个人的事,就算老板自己解决不了,不是还有别人吗?我干吗要做出头鸟,做吃力不讨好的事呢?也不要因为自己职位不高而逃避责任。任何员工,在老板遇到难题的时候都要挺身而出,主动负责,在自己力所能及的范围内为老板排忧解难。

在不少企业里,有些员工不仅不能主动帮助老板解决问题,甚至在自己没有做好工作的时候会直接把问题丢给老板,把本该属于自己的责任推给上司。他们会貌似恭敬地说:"您看怎么办?"可以说,这种做法实际上是在推卸责任,员工可以向老板请教、寻求帮助,但不能把自己的工作责任也推给老板。这种做法使很多老板不得不亲力亲为,去做下属做不好的事情,别说员工主动为老板排忧解难了,有些老板甚至还要悲哀地给下属收拾烂摊子,这是企业最大的不幸。

老板也是普通人,他们外表看起来很荣耀,可实际上都承受着巨大的压力。除了工作上的事情，他们在家庭中也担负着很重的责任。在工作和生活中遇到难题的时候也会着急、发愁。也许这些工作老板没有安排给你，但问题的存在却阻碍了整个公司的发展。在这个时候，如果你总能替老板解决难题，老板即使表面上不说，内心里也会领你的情，而且会欣赏你，有机会就会提拔、重用你。因为在老板眼里，你是一个有责任感的人，是一个能给他提供帮助的人。

如果一个员工不满足于现状，想改变自己在职场上的处境，那么只满足于做好手头上的工作是远远不够的。企业最终的目的是要赢利，在企业的经营过程中，各种风险、难题会纷至沓来，处理不好，就可能遭受灭顶之灾。因此，员工一定要拿出责任心，跟老板同舟共济，渡过难关。在老板遇到难题的时候能够挺身而出、主动承担责任的人，就是企业的"救火队员"，这种员工根本不需要担心得不到老板的关注。遇到问题，老板第一个想到的就是他，升职加薪的机会自然也非他莫属。

在职场上，没有一个老板是无所不能的"超人"。比起普通员工来，他们承受的压力更大，遇到的困难更多，肩上的责任也更重。他们遇到困难时，虽然万分焦虑，但还是要尽量平静地进行日常的工作。作为员工，在老板需要帮助的时候，不要作壁上观，更不能幸灾乐祸或者落井下石，那就不单是责任心的问题了，而是严重的素质问题。这时候，员工应该勇于承担起责任来，做自己力所能及的事情，为老板排忧解难，帮企业渡过难关。这不仅是对企业负责，更是对自己负责，这样的优秀员工才能在职场上有所斩获。

◎ 抱怨是给自己挖的坑，不小心就会陷入其中 ◎

抱怨无益于问题的解决，还会转移你的注意力，使你不能集中精力考虑对策。在关键时刻，还可能会延误时机，让事情变得更糟。

在职场中，总有一些人整天发着牢骚：

"我都来公司这么久了，一直得不到重用，老板还经常给我小鞋穿。"

"努力工作又怎样？老板根本不在意。"

"这又不是我一个人的错，凭什么扣我的奖金？"

……

这些人每天想着加薪、晋升，期望得到老板的器重，成为公司的顶梁柱。遗憾的是，他们的这种期望是毫无可能实现的，因为"抱怨"给他们的成长与晋升之路设置了障碍，而在抱怨背后，暴露的也正是他们自身最大的弱点：没有责任心！

这个世界上本来就没有完美的事物，工作也不可能都尽如人意。很多时候，问题并不是因为工作不好，而是人的心态不对。如果你总是抱怨客观环境，而不是发自内心地去重视一份工作，尽职尽责地将它做好，那势必就会感到厌烦，进而心生懈怠。

实际上，并没有什么工作值得抱怨，只有不负责的人。就算你从事的是最平凡的职业，如果你能够消除抱怨，全力以赴、尽职尽责地努力工作，那么你同样能成为一个不平庸的人。

炸薯条这种食品在 17 世纪的时候风靡法国，深受当时美国驻法大使托马斯·杰斐逊的喜爱。于是他就把制作方法带到美国，并在蒙蒂塞洛把炸薯条当作一道正式晚宴菜肴招待客人。

当时，美国纽约的一家餐厅提供这种正宗的法国式炸薯条。这家餐厅身处一流的度假胜地，到那里就餐的都是一些有身份的人，他们不是名流就是富豪。乔治·柯兰姆是这家餐厅里的厨师，他一直都严格按照标准的法国尺寸来制作薯条，这道菜很受客人的欢迎。

有一天，一群富翁到乔治所在的餐厅就餐。其中有位客人非常挑剔，他一直抱怨薯条切得太粗，影响了他的胃口，因此拒绝付账。为了让这位富豪满意，乔治又重新做了一份，这次切得细了一些。可是，那位客人仍然不满意，还是抱怨薯条太粗了。

周围的服务员私下里都在抱怨那位客人不讲理，替乔治感到委屈。乔治心里自然也不高兴。不过，他是个有责任心的人，既然自己是厨师，那就要让客人吃得满意，这是他的职责所在。

于是，乔治再一次回到了厨房，这次他将马铃薯切得很细很细，细到一炸之后又酥又脆，这样的做法已经与正宗的法式炸薯条标准大相径庭了。不过，乔治心想，既然是客人要求这样做的，自己就应该满足他。

看到闪着淡黄色油光的薯条，客人非常满意。更有意思的是，其他的客人也纷纷要求乔治为他们制作这样的薯条。因为马铃薯需要手工削皮和切条，所以很考验厨师的刀工，但是乔治本着对工作负责的态度，一一满足了客人们的要求。

自此之后，这种"超细"的薯条便很快风靡了起来。后来，乔治开了一家属于自己的餐厅，并将这种薯片作为餐厅的招牌菜品，这一举措使他赚了个盆满钵满。现在，细细的薯条成了世界上销售量最大的零食，而乔治这个薯条的发明者也名垂青史了。

　　没有一份工作值得抱怨，把该做的工作做好，这是员工的责任。一个人如果有强烈的责任心，那么即便一件事只有很小的希望，最后也能够变成现实。责任是员工强有力的工作宣言，是能够胜任工作的保障。一个人是否具备责任感，具备多强的责任感，也决定了他在工作中成就的大小、职场中地位的高低。别总觉得工作处处不如意，抱怨是推卸责任的表现。抱怨之前，员工需要扪心自问一下：自己为这份工作付出了多少？是否一直都以高度的责任感来对待？有没有投入百分之百的努力？一个真正负责任的人，永远都不会用抱怨为自己的工作做注解。

　　职场中的人要明确一个认识：老板雇用你来担任某一个职位，或者安排你从事某项工作，他的目的不是听你发牢骚，诉说工作中有多少麻烦和困扰，他是请你来解决问题、创造价值的。想要获得老板的肯定，实现自我的价值，首先要做的就是承担起你应负的责任，收起你的抱怨，做个敢于担当的人。一个只会抱怨，连本职工作都无法承担的人，又凭什么让老板器重你呢？

　　抱怨是懦夫的行径，凡是工作和生活中的勇者，都是不抱怨、敢于负责任的智者。抱怨也是愚蠢者的语言，因为抱怨根本无益于问题的解决，相反，还会转移你的注意力，使你不能集中精力考虑对策。在关键时刻，还可能会延误时机，让事情变得更糟。因此，对于出现的问题应该以负责的态度积极动脑筋、想办法，去解决问题，这种做法比没有任何积极意义的抱怨要明智得多。

人生是一条荆棘密布的小路，到处都可能隐藏着陷阱，我们不知道何时何地会遭遇怎样的挫折。不过，有挫折并不可怕，关键看你如何面对。态度不同，结果就不同。负责任的人不会抱怨，只会把挫折当成一种另类的财富。那些在职场上取得瞩目成就，最终成功地实现了自己人生价值的人，无不经历了重重磨难，他们跌倒了又爬起来，屡战屡败，又屡败屡战，最终闯过艰难险阻，走向成功。

工作中遇到的各种困难和烦恼，其实都是对人生的历练。玉不琢不成器，要想在职场中褪去束缚你发展的外衣，就要经历处处不如意的痛楚，如此才能破茧成蝶，占领人生的高地。不经历风雨，怎么见彩虹？面对让你烦心的种种事情，你何不收起抱怨，代之以责任感、进取心呢？唯有如此，这些磨难才能助你走向成功，成为对你有用的财富。

◎ 及时改正错误，将"污点"变为"亮点" ◎

面对工作中的失误，要主动诚恳地承认错误，这是工作态度问题，也是品质问题。

足球场上，有一种很"独"的人，总是自己带着球满场飞奔，不传球给队友，不懂得跟别人配合，以至于减弱了集体的整体力量。在职场上，情况却刚好相反，有些人犯了错误以后，对于责任这个"球"恨不得有多远躲多远。当责任"不幸"地降临到自己头上的时候，马上大脚开出，传给别人。这两种人，都不受人欢迎。

有人觉得，犯错是不能胜任工作的表现，会给别人留下能力不强的印象，从而对今后的加薪与晋升有所影响，甚至还会被老板炒鱿鱼。因此，他们不敢主动承担责任，对责任能推就推，绝不"客气"。

然而，人非圣贤，孰能无过？知错能改，善莫大焉。逃避责任不是解决问题的办法，反倒会给人留下不负责任的印象。

30多岁的李海是一家家具销售公司的部门经理。虽然他在这个行业做过多年，很有经验，但是对待工作却责任心不强，非常懒散，犯了错误非常喜欢逃避责任："我没有在规定的时间里把货发出去，是因为老王让我帮忙做其他事情……""我本来不想按照这个价格出售，但是小李认为这个价格的利润空间也不小……"

有一次，他提前得知了一个消息：公司决定安排他们这个部门的人到外地去谈一项非常棘手的业务。他怕办砸了担责任，于是提前一天请了假。第二天，上面安排任务，因为他不在，便直接把任务交代给他的助手，让他的助手转达。当他的助手打电话向他汇报这件事情时，他便以自己身体有病为借口，让助手顶替自己前去处理这项业务。结果因为助手缺乏经验，使这笔业务的利润很低，公司基本上算是白忙活了。

半个月后，老总打电话询问这项业务的过程。李海怕公司高层追究自己的责任，便以当时自己请假为由，谎称不知道这件事情的具体情况，一切都是助手办理的。他为自己辩解说，这不是他的责任，企图让助手来承担责任。其实，李海的助手在跟老总的通话中早就承担了自己的责任，然后又客观地讲述了事情的整个过程。

第二天，李海接到了老总的解聘通知。老总是这样跟他说的："作为部门经理，你没有一点担当，还把自己的责任推给下属。既然你承担不了经理的责任，也就不要占着这个位置，让能负责的人来干吧。"

直到这时，李海才明白了把责任推给别人是多么地不智。可惜，这笔"学费"昂贵了一些。

在工作中出现错误或失败并不可怕，毕竟没有人能够做到面面俱到、事事完美。可怕的则是没有责任心，不敢承担责任，想把自己的过失掩饰掉，把自己应该承担的责任推诿给他人。很多人没有认识到推诿责任的危害，他们总是不愿承认自己的错误，而且选择对自己的错误加以辩解，像"踢皮球"一样将责任推给别人。老板不是傻子，即使能被你蒙蔽一时，但是纸终究包不住火，等到真相大白的时候，倒霉的还是你自己。

当工作中出现问题的时候，与其将自己的问题推给别人，倒不如大大方方地承担起来。领导不会因为勇于承担责任而处罚员工，相反，他们会更看重员工在出现问题时所体现的工作责任感。如果工作一出现问题员工就推卸责任，老板自然就会选择那些敢于承担责任的人，为他们创造更多的成功条件。

如果员工能够勇于承担责任，肯从自己的身上找原因，在错误中能够吸取教训并及时改正错误，那么错误就会变成一笔丰富的经验、提高能力的宝贵财富。把自己应该承担的责任承担起来，将责任心体现在工作中的员工才能得到老板的欣赏和重用，并登上事业的巅峰。

面对工作中的失误，员工如果主动诚恳地承认错误，说明他有敢于承担责任的勇气和信心，这不仅是一个工作态度问题，也是一个品质问题。不把责任的"皮球"踢给别人，把责任心体现在工作中甚至是失误中的员工是很容易得到老板欣赏的。

某公司要在内部选拔一名总裁助理，经过多轮筛选后，竞争者最后剩下了三个人。他们接到总裁的通知，到他办公室做最后一次面谈。

在办公室里，总裁指着花架上的一盆兰花说："这盆花价值20万元，是稀有品种，是从广西十万大山中运出来的。"总裁又说："我出去一下，麻烦你们把这花搬到窗户边上去。"

那花架看起来很重，三个人决定一起搬。令人意外的是，三个人刚一碰到花架，其中的一条腿就断了，兰花也摔坏了。

总裁闻声而来，询问是谁的责任，其中的一位首先声明自己没有责任：

"这不关我的事，是他们两个弄的。"

"生产花架的人把花架做得这么差，"第二个人说，"应该去找他们。"

总裁又问第三个人："你认为呢?"

"这是我们的责任，我们本来就有义务做好。"第三个人不卑不亢地说。

听他说完，总裁脸上露出了笑容："你被录用了! 那盆花根本不值钱。"

员工必须明白，每个人都需要在工作中承担责任，这是员工的基本职业素养。工作做出了良好的业绩是员工的成绩，出现了失误也是员工的责任，工作中千万不要见好处就上，见责任就让。只有对自己的工作切实负责，以端正的态度对待失误，才是一个优秀员工应有的品质。只有这样，整个企业或者团队才能健康稳步地向前发展。如果大家都把失误的责任推给别人，那就是把企业当成了一块蛋糕，迟早会把企业吃光，然后大家一起饿肚子。如果都能够切实负起责任来，不推诿、不避讳，对自己严格要求，积极进取，那么企业就会像一片田地，在大家的共同努力耕耘下获得越来越丰厚的收获，这样大家才能衣食无忧。

面对自己工作中产生的失误，勇于承担，才是真正地负责任。在其位，谋其政，担其责，只有这样，员工才能成就完美的职场人格，实现自己的人生价值；同时有了勇于负责的心态，就会在工作中更加尽心尽力，更加积极地开动脑筋想办法，能够减少失误，为自己的企业创造更多的价值，何乐而不为呢?

要想成为一名合格的、优秀的员工，就应该牢记自己的使命，尽职尽责地履行自己的义务，尽最大的努力把工作做好，减少失误。如果出现失误，就要自己承担责任，决不踢皮球，决不推卸责任，如此，才能成长为职场中的中流砥柱。

◎ 担负的责任愈大，收获就会愈多 ◎

人是在锻炼中成长的，只有不断承担更多的责任，才能不断地超越自我，提升自己的价值。

英国前首相温斯顿·丘吉尔曾说："伟大的代价就是责任。"在政坛上如此，在职场上亦如此。可以说，一个人只有表现出高度负责的精神，才会赢得老板的赏识和重用；员工担当的责任愈大，取得的成功也就愈大。

如今，许多员工并没有完全认识到这一点，有些人甚至将老板放在和自己对立的位置上，把老板看作苦大仇深的"阶级敌人"。在工作中不愿多付出一丝努力，不愿多做一丁点儿事情，不愿意多承担一点儿责任。他们错误地认为，多承担责任只会"便宜"了老板，而不会为自己带来什么，自己只是白白"吃亏"。

其实，真正有责任心的员工不会怀有这样的想法，他们只会想到自己应当多承担一些责任。多承担责任不是犯傻，而是对老板和自己都有利的做法。很多人可能只看到了成功人士风光无限的一面，却不清楚他们为此担负了比他人更多的责任，付出了更多的努力和代价，才换来了今天的荣耀。

有两个年轻人，小王和小张，大学毕业后他们同时进入一家民营企业工作。小王分在广告设计部门，小张则被安排在财务部门。

刚开始的时候，两个人的工作表现没有太大的差别，因为他们毕竟都是刚刚踏入职场，工作能力是差不多的。但是小王仅仅是循规蹈矩地完成上司交给自己的任务，就死活不再做哪怕丁点儿的事情了，结果给人留下了推诿、逃避工作的坏印象。而小张则总是在完成自己的工作之后，尽量自己找事情做。因此，他经常忙得不可开交，而小王则优哉游哉地过着"滋润"的日子。

有一次，小张主动去帮小王所在部门的一名员工去整理宣传材料。小王趁同事不注意的时候嘲笑小张："你真是个二百五，我跟他在一个部门都不帮他，你瞎操什么心啊？你多干了这么多活，有什么用，工资还不是跟我一样吗？整天累得要死，你图什么啊？缺心眼！"然而，小张只是笑笑，依旧主动做着他力所能及的事情。

半年之后，整个公司进行工作考核，小张的业绩大家都非常满意，在考虑培养新的干部的时候就连其他部门的很多员工都纷纷找到主管推荐小张。这让主管大为惊讶，于是他详细了解了小张平时的工作情况，果断地提拔他做了自己的副手。而小王因为平时总是只做自己手头上的事情，不肯多承担一点点责任，结果同事们对他都有意见，主管就很干脆地把他辞退了。

一个人能做出多大的事业，往往取决于他有多大的责任心。小张在工作中愿意承担更多责任，因而获得了更多的发展机会；而小王不肯多做一点事情，结果成了企业里多余的人。这就说明，一个人承担的责任越多，他的价值也就越大，得到的回报也就越多。反之，老板就会觉得这个员工价值不大，不会重视他，既然他不愿意承担更多的责任，那么有他没他都一样，那还养着这样的人干吗呢？

所以，我们每个人都要警惕，不要让自己成为不能承担更多责任的人，因此被老板扫地出门。在完成好本职工作后，问问自己："我还能承担什么责任？"然后，积极主动地为自己找事做，表现出自己拥有更高的价值，这样也会为自己带来更多的发展机会。

某天，艾伦所在公司的某位主管突然病了，丢下了一大堆没有处理完的事情进了医院。老板已经跟几个部门经理谈过这件事情了，想让他们暂时接管那个部门的工作，可他们都以手中的工作非常忙或者对那个部门的业务一点都不了解为由推辞掉了。

于是，老板问艾伦是否能够暂时接管这一工作。其实，艾伦也十分忙，尽管有些为难，但是他认为老板既然让自己承担这个责任，就是认为自己能够胜任，自己不过就是更加劳累一些罢了。因此，他当即接管了那个部门的工作。

整整一个月的时间，艾伦都忙得没有时间歇口气。但是，艾伦最终很好地承担起了这份责任，把自己的部门跟那个部门的事情都处理得井井有条。后来那位主管回来了，对艾伦非常地感谢，并且极力在老板面前夸奖艾伦对公司有责任心。

后来，老板要去开拓其他业务，就毫不犹豫地提拔艾伦做了总经理，全权负责原公司的一切事务。

很多时候，领导把你责任之外的任务交代给你，就代表领导器重你。这时候，千万不要推脱、埋怨，这是一个不可多得的机会。如果你能达到老板的要求，相信你的分量就会在领导的心里加重；如果你用这样那样的借口拒绝承担，那么你在领导心里的印象就会一落千丈，即使有了升职、加薪的机会，你还能指望他留给你吗？

　　当然，一个人担负的责任愈大，那么也就意味着付出就会愈多，这也是许多人不愿意担负更多责任的主要原因。还有一些员工，对自己的能力不自信，总觉得自己胜任不了。其实，人是在锻炼中成长的，只有不断承担更多的责任，才能不断地超越自我，提升自己的价值，使自己逐渐胜任更多的工作。

　　美国前总统肯尼迪有一句名言："不要问国家能为我们做些什么，而要问我们能为国家做些什么。"作为一名员工，我们也要明白同样的道理，要想着我们能为企业多承担一些什么，只有这样，才能更快地提高自己的职业能力，在机遇到来的时候才能不让它溜走。

第六章 ／ 攻克难关
有解决问题的责任感，攻关就没有难度

　　责任的核心是解决问题，我们要做一个负责任的员工，就要做一个"问题终结者"。在工作中遇到问题时，要尽一切可能去寻找解决问题的方法。只要我们善于思考、勤于行动，一定会发现，问题的答案就在面前。

◎ 积极想办法，做个"问题终结者" ◎

　　责任的核心是解决问题，我们要做一个负责任的员工，在工作中想方设法解决问题，做一个"问题终结者"。

　　美国前总统杜鲁门是个对工作要求很高的人，他在办公桌上贴了一张纸条，上面写着"Book of stop here"。在美国拓荒时代，有个传水桶的活动，水源离用水地有一定的距离，需要靠传递水桶来运水。后来人们就把这种传递引申为"把麻烦传给别人"。而"Book of stop here"翻译成中文就是"问题到此为止"。这就意味着"我来承担责任，我来解决问题"。

　　责任感是一个人不可缺少的职业精神，而责任的核心就是解决问题。大

多数情况下，人们乐于解决那些比较容易的事情，而把那些有难度的事情推给别人，这就是对待自己的工作不负责任。要做一个真正负责任的员工，就要让问题在你这里终结。

一个人在职场中的价值体现在他解决问题的能力上。一个责任感强的员工，是为公司和老板解决问题而存在的，而不是面对问题束手无策，关键时刻掉链子、吃闲饭的。

李嘉诚先是在茶楼做跑堂的伙计，后来应聘到一家企业当推销员。他认为，一个推销人员最重要的就是不论遇到什么困难，都要千方百计地把产品推销出去。

起先，他推销的产品是镀锌铁桶。当时，这是个竞争激烈的行业，绝大多数推销员都紧盯着那些小杂货铺，为了增加业绩绞尽了脑汁却收效不大。李嘉诚没有被困难吓倒，他以极大的责任心激励自己开拓思路，终于想出了办法：把推销重点放在大酒店和中低收入阶层的家庭之中。直接向大酒店推销可以使这些酒店节约成本，而且送货上门的服务也省了他们很多麻烦。因此，他很快拿下了这个市场。对于那些中低收入家庭，他独辟蹊径地专门向那些老太太推销。因为老太太喜欢串门唠家常，只要有一个买了，她们就会自动宣传，拉一群人来买。果然，这一方式也取得了巨大的成功。

后来，李嘉诚改销塑料产品，仍然把解决问题当作自己的核心责任。

有一次，李嘉诚去写字楼推销一种新式塑料洒水器，一连走了好几家都无人问津。他没有向老板诉说这份工作是多么困难，而是更加积极地动脑筋想办法去解决问题。

后来他到一家办公大楼的时候，恰好遇到清洁工正在打扫卫生。他看到楼道里有些灰尘很不容易清理，于是灵机一动，没有直接去推销产品，而是用自己的洒水器主动帮清洁工把水洒在楼道里。

经他这样一洒，原来脏兮兮的楼道一下变得干净了许多。这一做法，无声地宣传了自己的产品，起到了很好的效果。结果引起了采购人员的兴趣，一下子向他采购了 10 多台洒水器。

后来老板在考察他的推销业绩时发现，他的业绩竟然是第二名的 7 倍！

任何人的成功都不是偶然的，在成功光鲜的表面背后，他们自有其成功所必需的职业素质。就像李嘉诚一样，这些成功的人能够做出不同寻常的成绩，是因为他们对工作充满责任感，对自己严格要求，遇到困难不推脱、不畏惧，积极主动地去努力，去寻找解决问题的办法，并最终让问题终结在自己的手上。

因此，如果我们在工作中遇到不容易解决的问题，千万不要着急推给同事或领导，要勇于承担，把这些困难当成一种难得的经历、一笔宝贵的财富，好好利用，以负责任的心态要求自己必须解决它。在面对困难时，我们往往能开动脑筋，发挥出更大的潜力，获得更快的进步，这无论对企业还是对个人，都是很有意义的。

职场是一个竞争激烈的地方，也是一个充满机遇的所在。我们要想在这样的状态下取得成功，就一定要有一份强烈坚定的责任心。面对工作中的任何问题都要做到不悲观、不抱怨，不退缩、不放弃，积极主动地去解决，力求得到完美的工作结果。

北宋时，京都汴梁的皇宫遭遇火灾，大量宫殿被焚毁。

当时的皇帝是宋真宗，他严令大臣们必须在一个月内修复宫殿，否则就会重重责罚。在当时的情况下，这个修复工程有三个不利因素：交通不便、时间紧迫、工程量大。几乎所有的大臣都认为无法如期完成，而抗旨的下场是相当可怕的，大家都非常着急。

这个任务不仅关系到乌纱帽，还牵扯到身家性命，很多大臣都不愿意接这个烫手的山芋。最后，丁谓决定解决这个难题。

他命人先把皇宫前的大街挖成一条宽阔的深沟，然后利用挖出来的土烧制成砖瓦，这样就解决了建筑材料的问题；又把京城附近的汴河水引入深沟，做成了一条运河，用船把建筑材料直接运到工地，解决了运输问题；等新宫殿建成以后，又把建筑废料填入深沟，修复了原来的大街。

这一方案一举解决了建筑材料、运输和清理废料三个问题，如期完成了宫殿的修复工作。皇帝对其大加赞赏，丁谓也就更加受到重用了。

在职场上，老板总是喜欢那些不畏困难、勇于担当的员工。如果我们遇到困难就把它推给自己的老板，那么老板就不用做别的了，整天跟在我们后面收拾残局好了。员工在自己的岗位上遇到的困难，都是自己职责范围之内的，我们有责任在自己的岗位上解决它，不能把问题推给别人，拖累整个团队。不然，我们迟早会失去自己的位置，被别人取而代之。

松下电器创始人松下幸之助说过这样一句话："工作就是不断发现问题，分析问题，最终解决问题的过程。晋升之门将永远为那些随时解决问题的人敞开着。"

员工的职责是为企业创造效益，只有把岗位上遇到的问题彻底解决，才能更好地为企业贡献力量。老板看中的是工作结果，而不是过程，如何解决问题正是员工的责任所在。责任的核心是解决问题，我们要做一个负责任的员工，要成长为一个成功的职场人，就要牢记这一原则，并在工作中不折不扣地实践它，即做一个"问题终结者"。

◎ 用新方法解决老问题是明智之举 ◎

别拘泥于以前的经验、固定的视角，我们要做的就是及时改变，尝试其他的途径，这才是智慧的工作方式。

希腊哲人赫拉克利特曾经说过："人不可能两次踏进同一条河流。"说的是任何事物都是不断发展变化的，现代社会这种变化更加突出和快速。举例来说，若干年前人们还以拥有一部寻呼机为荣，听到嘀嘀的呼机声就满世界去找公用电话。然而只过了几年，呼机就退出了历史舞台，代之以更加方便实用的手机。

社会不断发展变化，如果我们总是用老眼光看待新问题，用老方法处理新工作，那么就很难跟上社会的发展步伐。对待工作也是如此，只有以变制变才是制胜之道。变则通，通则久，如果一味因循守旧，迟早会被不断变幻的社会所淘汰。

有位老太太经常去社区里的水果店买水果。一天，这位老太太又来到店里，问店主："有李子卖吗？"店主见有生意上门，马上开心地迎上前说：

然这家小店的生意也异常火爆了起来。

这个小店的店主及时发现了老太太购买目标的变化，并找到了原因：儿媳妇怀孕了，喜欢吃酸的。于是，他适当改变了自己的经营范围，在店里增加了适合孕妇吃的水果，并且还告诉了老太太很多照顾孕妇的知识，这引起了老太太的兴趣。通过老太太的宣传，还吸引了很多其他的准妈妈、准奶奶们来店里消费，这就是一个小小的以变制变的例子。

在很多情况下，人们往往拘泥于自己以前的经验，或者拘泥于固定的视角，没有意识到情况已经发生了变化。这个时候，其实老方法、老思想已经解决不了问题了，或者已经是低效的了。因此，我们要做的就是及时改变，尝试其他的途径，这才是智慧的执行方式。

马戏团里有一只多才多艺的大象，它可以站在一个小小的木桩上表演吹口琴，很受人们的喜爱。每次表演，它总是老老实实地站在木桩上，而拴着它的只是一根很细的铁链。

于是，有人问驯兽师："大象那么大力气，它为什么不挣脱链子跑掉呢？"

驯兽员告诉他，在大象很小的时候，他们就用这条细细的铁链把它拴在木桩上，小象的力气那时候还挣不断。经过了一次次失败的尝试之后，小象终于认命地放弃了反抗。等到现在它长大了，已经完全有力量挣脱那条铁链了，它却还以为自己无法挣脱，故而连尝试一下的欲望都没有了。

大象的可悲在于它不知变化。小时候，它力气小不能挣脱铁链，但是现在它长大了，已经有力量了，却还是心甘情愿被拴着。不变的是铁链，变化的是它自身。可惜它完全没有意识到这一点，任由那条细细的铁链夺去自己的自由。可以说，困住大象的不是铁链，而是它自己的不知变通。

以静止的眼光看问题，在哲学上叫作形而上学。我们都知道这是不好的，但在实际工作中，却又会不停地犯这样的错误。这种思维会抑制我们去变通，如果只会一种方法，一条道走到黑，迟早会撞到南墙，头破血流。

要做一个成功的职场人，就要保持清晰活跃的思维。人们常说以不变应万变，其实唯一不变的就是变，唯有变通才能适应社会的日新月异；唯有变化，才能适应不断加剧的竞争；唯有变化才能适应新情况，解决新问题。

在工作中，要始终保持旺盛的斗志和激情，保持活力；在执行每一项任务时，都不要局限于自己昨天的思维。每一天都是新的，每一件工作都是新的，要牢记以变制变才是制胜之道。唯有这样，才能在职场这条鲜花和荆棘并存的路上，走得更加稳健、轻松。

◎ 解决问题，需抓住关键点 ◎

牵牛要牵牛鼻子，抓住了关键地方，就能轻松解决问题。

农村里养过牛的人都知道，牵牛要牵牛鼻子。为什么呢？远古时代人们驯养野牛的时候，牛的野性很大，靠着一身蛮力和头上的两只角，耍起横谁都制伏不了。人们试过很多方法，绑住蹄子不行，拽住尾巴也不行，最后才发现牛鼻子是它最关键的地方。牵住了牛鼻子，牛就乖乖地向前走。也就是说，抓住了关键地方，就能解决问题。

在工作中也是如此。很多时候一件事情千头万绪，尤其是现在社会分工非常精细，遇到大一点的工程更是纷繁复杂，牵扯很多方面。如何在看似杂乱无章的工作"迷宫"中提高效率，发挥自己的执行力优势呢？这就需要我们善于分清主次，找到关键，牵住牛鼻子。

何远毕业于某名牌大学工程建造专业，并且以优异的成绩获得了学位。他毕业后就进入了当地一家很有名气的房地产开发企业，并很快受到了重用，公司派他负责一个小型工地。

工作了一段时间以后，他很苦恼：自己每天早起晚睡，甚至通宵加班，有忙不完的工作。大到工程进度的监督，小到工地上一袋水泥的质量问题，都需要他处理，他感觉自己就是铁人也要累垮了。

何远觉得自己已经非常努力了，但是连一个小项目都胜任不了。项目经常因为某个小问题卡在那里，往往因为一个钉子没送到就延误半天工期。是不是自己的能力不够呢？看到那些负责大项目的同事做得游刃有余，他非常羡慕。为什么别人能做得那么轻松愉快呢？自己累死累活却总有干不完的活呢？他非常不解。

何远后来请教了业内的一位前辈，那位前辈详细地询问了他的工作方法，最后告诉何远，他的方法是行不通的。按照他那种干法，再加一个人也干不好。前辈告诉他，工程材料的供应有专门的检查负责人员，同样地，施工进度也有专人负责。这么多工作，作为项目负责人，最重要的是保持各个部门协调运作，不要在任何一个地方卡壳。举个例子来说，水泥来晚了就耽误做混凝土，没有混凝土就无法开工，后期的管道铺装就无法展开，整个工程进度就会受到影响。而他的工作应该是确保各个环节及时到位，而这些工作，很多时候只要打几个电话，或到现场找到责任人说一声，就可以了。

何远如醍醐灌顶，一下子明白了。在以后的工作中，他试着用那位老员工教给他的办法操作，把工作的重点放在协调部门的合作上面；至于那些琐碎的事情都交给相关人员去处理，他则偶尔抽查一下，以保证落实工作。果然，他再也不用焦头烂额地加班了，而且工程的进度、质量等问题也得到了很好的保证。

任何工作和事情，都有轻重缓急之分，都有主要矛盾和次要矛盾之分，当然这些不是一成不变的，有时候主要也会变成次要。比如说，一个工作计划的制订，前期的市场考察是关键部分，需要花大力气重点关照，但是等计划做好了要付诸行动了，如何把计划不折不扣地执行好才是最关键的。所以说，所谓的关键问题还是要具体情况具体分析。

找到了关键问题，就相当于驯养野牛的时候找到了它的弱点。牛的鼻子怕疼，所以牵住了鼻子野牛就变乖了。同样，工作中找到了关键点，我们就把主要精力放在上面，优先动用各种资源解决它。解决了它，次要问题的解决就不在话下了。

因此，当我们面临很多工作不知如何着手时，或者浪费了大量精力而收效甚微时，我们就应该反思一下执行方法对不对，有没有把工作分出主次来。要成功，不仅要靠勤奋肯干，更要学会找到最合适的方法，只有这样才能用有限的时间和精力做出最大的成绩来。

有这样一个故事：

有一位大富翁，生前拥有数不尽的财富，他的地窖里堆满了金银珠宝，庄园里养着成群的牛马，农场里还有成堆的粮食。有一天，富翁病重了，身边只有一个仆人。他知道自己不行了，但是唯一的儿子还在外地，他担心自己的财产被贪婪的仆人得到。他想了想，写下了一份遗嘱："我所有的遗产之中，儿子只能得到其中的一样，其他的全部留给仆人。"

这位仆人一看，大喜过望，不用自己想办法了，富翁自己就把大部分财产留给他了。可不是吗？富翁的儿子只能选择一样，能选什么呢？不论是庄园还是农场或是房子，都只是富翁财产中很小的一部分。仆人已经想象着自己成为富翁的幸福情景了。

仆人迫不及待地找到了富翁的儿子，扬扬得意地把遗嘱给他看。没想到富翁的儿子看了之后，说："好的，我选择你，你还是做我的仆人吧。"

这位聪明的儿子还是继承了富翁的所有遗产。是呀，虽然一切都是仆人的，但仆人却是富翁的儿子的。这就是抓住了主要矛盾，抓住了事情的关键。

我们在工作中，应该学会这种方法，善于抓住主要部分，优先解决关键问题，千万不要眉毛胡子一把抓，让自己陷入纷繁复杂的琐碎事务中。俗话说："射人先射马，擒贼先擒王。"解决了"主帅"，剩下的虾兵蟹将就不足为惧了。

所以，想要切实地提高工作效率，就要把注意力集中到最重要的工作上面，那些次要的，甚至是无关紧要的事情，完全可以放在自己工作效率不高的时候去做，或者动用少量的资源去处理。如此一来，工作自然会顺风顺水，从而发挥出执行力的最大功效。

◎ 能解决问题就是好方法 ◎

不管你用什么方法，只要能顺利解决问题就是好方法。

在工作中，之所以有很多时候问题长久得不到解决，往往是因为员工执着于某些陈规陋习或者一味地按照以前的思维去分析问题，结果用错了方法，才使得问题无法解决。其实，老板在意的不是过程，而是结果，所以不管你用什么方法，只要能顺利解决问题就是好方法。

很多人在工作的时候习惯照搬前辈的经验，或者直接等待老板的明确指示，自己从来不用脑筋思考一下如何快速有效地解决问题。一般说来，在公司受老板器重的都是能够独立地为公司分担问题、创造效益的员工。所以，当一个问题出现的时候，员工要做的不是等待指示，而是主动去想办法将问题解决。

某电缆厂的主要产品是把粗铜条抽细，然后再包上塑料变成电线。因为抽的速度很快，所以为避免再去穿眼模，把前一轴铜的尾和新轴的头用冷焊机焊起来。

问题是操作起来并不容易。新手焊十条断八条，断一次，要重新穿眼模，需要40分钟，又累又热又脏，每个人都视为畏途。即使是老师傅，焊十条也要断两条。因此，老手怕，新手更怕，但是20多年来所有电缆业者皆不能克服这个问题。

有一位员工，想彻底解决这个问题，于是去分析老手与新手之间有哪些差异。他发现新手怕断，以为用力点就好，所以咬紧牙很用力地压，结果还是断了。但是老手是压一下转一下，压一下转一下。

这位员工就去研究两种做法里面的差别，这才发现铜线的断面在高压时会产生应力，这种应力如果不均匀，在高速抽拉时就容易断掉，而转一下就能让应力均匀。但是老手怎么还断两条？他又分析发现老手转这一下是凭着自己的感觉来的，但感觉并不精确，所以应力并不是很均匀。

于是，这位员工得到一个结论：要想焊接的时候不断，就必须要转，但是要转得精确。于是他在冷焊机上做了一个90°导杆，转三下270°，刚好一圈回来。做好以后，老手、新手只要按照标准作业就不会再断。困扰这个行业多年的问题就这样解决了。

"老大娘，买李子啊？您看我这李子个头又大，味道又甜，好吃得很呢！"没想到老太太听了却问："有酸的吗？"店主摇了摇头，结果老太太一言未发就走了。店主很疑惑："以前这位老太太不是很喜欢吃自己卖的甜李子吗？这次怎么不买了呢？"

后来，这位店主无意中听人说，这位老太太的儿媳怀孕了，喜欢吃酸的东西。老太太为了买到酸李子，后来还大老远跑到了水果市场。于是，这位店主专门上网查阅了适合孕妇吃的水果，进了一些放到店里。

第二天，这位店主专门注意着门口，因为老太太每天都要从这里经过几次。看到老太太经过的时候，他马上热情地打招呼："大娘您好，我这专门进了些新鲜的李子，有甜的也有酸的，您看看吧。"

于是，老太太进来了，他就跟老太太拉起了家常："听说您要抱孙子了，恭喜啊！""呵呵，可不是吗？这不，媳妇喜欢吃酸的，那天我跑了老远才买到呢！"老太太说。店主又说："我后来听说了，有您这样会照顾的婆婆，可真是您儿媳妇天大的福气啊！不过我觉得您去市场很不方便，就专门进了些适合怀孕的人吃的水果，省得您跑那么远。""是吗？"老太太很惊讶，"您真是有心人，都有些什么水果呀？"

店主于是开始给老太太介绍起他的水果来：秋梨可以清热降压；柑橘营养丰富，全身是宝，富含维生素、氨基酸、钙磷铁等成分；无花果可以清热解毒、止泻通乳，等等。这一说，老太太大感兴趣："原来还有这么多学问啊！"临走，老太太买了李子，又顺便买了一些猕猴桃回去。

从那以后，老太太一有空就来到这家店里，听店主跟她讲如何照顾孕妇。店主通过网上查询，不厌其烦地给老太太讲解着这类知识。后来，很多人来听这位店主的"讲座"，发展到别的小区的准妈妈、准奶奶们都慕名而来，自其实，不光是焊接电缆，做任何事情的时候，只要能像那位工人一样找到合适的方法，就能将事情解决。工作中，我们面对问题的时候，一开始就会人为地添加很多方面的因素，这样不但使问题更复杂，还让人们找不到解决问题的办法，从而不能达到预期的效果。

其实，一个问题出现的时候，人都会做出一个最本能、最直接的反应，往往这个时候出现在脑子里的想法是最好的解决办法。我们可以去追求一个顺利解决问题的办法，那个问题不需要去装饰，只要把它变得不是问题就行了。不要在问题的基础上添加任何的人为因素，以此来彰显自己的才能或者聪明，很多人都是聪明反被聪明误。工作的时候记住一点，出现问题就解决。用什么方法解决？顺利解决问题的方法！

大家一起参加工作，两三年后可能体现出很大的差距，这里面其实方法问题是很重要的。比如有些人只会模仿，有些人则会自主思考；有些人以沿用老办法为主，有些人以创新为主，这些都会导致工作业绩出现差距。

战国时期，齐国的一位大夫与一位将军两人在花园中边走边谈。来到一个水池边，大夫突然提议两个人来打赌，看谁能不用钓具将水池中的鱼捉到。

将军心想，这还不容易？他接过侍卫手中的长矛，朝池中的鱼刺了几矛，可惜没有一矛击中。将军只好无奈地说："我放弃了，看你的吧！"

只见大夫不慌不忙地从口袋里掏出一把小汤匙，把鱼池中的水一匙一匙地舀到沟里。

将军大喊道："这要等到什么时候啊！"

大夫回答说："这方法虽然慢了一点，但最后的胜利必然是属于我的。"

这个故事虽然是杜撰的，但是它也说明了一个道理。当问题出现的时候，每个人都会有一套自己的办法，暂且不论哪个方法更好，事实上只要是能将问题解决的办法就是好方法。解决问题的时候我们只要紧紧抓住问题的关键，锁定要达到的结果，从侧面或者反面着手，将问题分析清楚，方法自然就出来了。

在公司也是一样，想要在工作中做得更加出色，聪明的员工一定知道在遇到问题的时候想尽一切办法将事情解决，不要在乎那个办法是不是太奇怪或者从来没有人用过。什么事情都有第一次，而第一次往往都是祖师爷，千万不要放弃一个当鲁班或者爱因斯坦的机会，更不要当一个头脑僵化、不知变通的员工，这样的人在公司永远只能是碌碌无为、可有可无的存在。

◎ 工作时要懂得巧干 ◎

做什么事情都要讲方法技巧，如果有既省时省力效果又好的办法可以用，何乐而不为呢？

有一次，美国大思想家爱默生和他的儿子想把一头牛牵回牛棚。可是他们两个人一个在后面推，一个在前面拉，吃奶的力气都用上了，还是没能让那头倔强的牛迈出一步。父子俩很是无奈。这一幕被一个女佣看见了，她说她可以让这头牛乖乖地听话。只见，她拿出一把青草给这头牛吃，牛一边津津有味地吃着草，一边一步步地跟着女佣往前走。就这样，女佣轻易地把牛牵回了牛棚。

讲这个故事是想告诉大家什么呢？在企业里大家都喜欢埋头苦干的"老黄牛"，毕竟"业精于勤荒于嬉"，勤奋肯干是员工必须要具备的素质，也是通向成功不可或缺的条件之一。但是，做什么事情都是要讲方法技巧的，就像女佣利用青草来引诱牛往前走一样，埋头苦干不如巧干。

在执行过程中，要善于找方法，找最能发挥执行力的工作方式，要苦干加巧干，好钢用在刀刃上。巧干，就是要积极开动脑筋想办法，寻找解决问题的捷径，提高工作效率，而不是一味地埋头蛮干。

乔·吉拉德有美国"销售之王"的美称，他的影响已经超越了汽车销售行业的范围。有人问乔·吉拉德是卖什么的，他说："是全世界最好的产品——独一无二的乔·吉拉德。"

可是乔·吉拉德在35岁以前，却是个彻头彻尾的失败者。他曾经做过洗碗工、送货员、电炉装配工等40多个工作，可以说事事不如意，处处不顺心。

乔·吉拉德在刚进入推销行业的时候，因为患有严重的口吃，所以连话都说不利索。尽管他一年打出了2000多个电话，平均每周40个，但是却连一件产品都卖不出去，令人沮丧。

为了取得业绩上的突破，他分析了公司的销售图表，发现公司80%的收益是由20%的客户所带来的，这就是我们现在熟知的"二八定律"。而他却在每一个客户身上都花了相同的时间，也就是说，他付出的时间有80%相当于是被浪费掉了。

此后，乔·吉拉德采取了有针对性的苦干加巧干的措施。他把所打的电话都记在卡片上，这样每周有四五十张卡片。接下来，根据卡片的内容安排下次的话题，列出那些潜在的重点客户，并且将自己的精力和时间都集中在最有希望的那 20% 的客户上。

坚持一段时间后，他的工作效率大大提高了，他的业绩也迅速地好转起来。

就是凭借这样的方法，乔·吉拉德在 15 年中共销售了 13001 辆汽车。他连续 12 年平均每天销售 6 辆车的纪录，至今无人能够突破。

乔·吉拉德开始的时候不可谓不努力，他患有口吃，还非常勤奋地打电话推销产品，付出了很多劳动却收效甚微。庆幸的是，他及时反思了自己的工作方法，认识到了自己工作毫无成果的原因：自己对客户平均用力，结果是对劳动力的极大浪费，是一种蛮干，而不是巧干。本来有 80% 的客户其实不需要投入那么多的精力，只要 20% 的精力就可以了，真正能产生效益的那20% 的少数客户，才需要花费 80% 的精力去对待。

经济学中著名的"二八定律"告诉我们：如果我们将时间和精力花在琐碎的问题上，那么 80% 的付出也只能取得 20% 的成效；但是，如果将时间和精力花在重要的问题上，那么你就可能取得 80% 的回报。

俗话说得好："条条大路通罗马。"要完成工作任务，方法肯定不止一种，我们在工作中要善于找到那条最省力、效果最好的路，让我们的付出得到应有的回报。许多老板在用人时，都要考察员工解决问题的能力，看一个员工是不是只知道蛮干。只知道蛮干的员工就像那些辛勤的工蚁一样，整日勤勤恳恳、任劳任怨，但是由于太过于按部就班，也就无法在人才济济的职场上出人头地。

阿普顿是位出身名门的高才生，他曾经担任发明大王爱迪生的助手。

有一次，爱迪生让阿普顿测量一个梨形灯泡的容积，他急着要用到这个数据。

阿普顿接过灯泡后，先用标尺测量，但是这个形状很不规则，然后又套用一些复杂的数学公式计算。好几个小时过去了，他还是没有得出结果来，抱着个灯泡在那里着急。

这时候，爱迪生走了过来。他拿起灯泡，往里面注满水，然后递给助手说："你去把灯泡里的水倒入量杯，就会得出我们所需要的答案。"

此时，阿普顿才恍然大悟：自己先前忙碌了几个小时完全是白费力气，他压根儿没有忙到点子上。

其实工作中的很多事情，都不需要我们累死累活地蛮干。有时候，只要我们换个角度思考一下，就能得到更简便快捷而且有效的解决方法。工作需要勤奋，但是勤奋的最终目的还是要执行到位，解决问题。如果汗流浃背地干了很久还没有做出成果，那其实是对人力资源的浪费，是对自己和老板的不负责任，是执行力偏低的表现。

要想执行有方，不浪费宝贵的精力和时间，就要求我们养成爱思考、爱创新的工作习惯。因为不一样的工作方法，可能会使工作效率相差很大。只要在工作中注意寻找科学的方式、方法，就一定能提高工作效率，不浪费力气，做一个执行有方、游刃有余的员工。

在职场中，能够做出瞩目成绩，站在金字塔顶端的只是少数人，这些人并不是靠幸运女神的眷顾，而是靠自己完美的执行力成为职场这个舞台上的主角的。他们工作勤奋，但不是只知道埋头蛮干的"工蚁"，而是用有限的精力和时间做出最大的效益来；他们执行有方，能够忙到点子上，不会浪费自己的任何资源。如果我们也想像这些成功人士一样，成为令人敬佩的主角，就要提高自己的工作效率，用苦干加巧干打造完美的执行力。

第七章 ／ 注重细节
有追求细节的责任感，突破就没有难度

　　无论处于什么岗位，都需注重工作中的每个细节，不放过任何一处可以改进的地方。一个细节可以决定成败，一件小事也可以改变一个人的未来。工作中的点点滴滴，都折射着一个人的责任心，都绘制着一个人的成功曲线。我们应追求细节的极致，以便创造出最大的价值。

◎ 对细节负责，改变事情的结果 ◎

　　注重小事，用强烈的责任心去关注每一个细节，这样才能顺利成长，逐步实现职业理想。

　　在日常工作中，很多人往往不拘小节，对于细节问题不屑一顾，面对老板的批评，他们常常搬出"成大事者不拘小节"、"大礼不辞小让"等说辞为自己开脱。殊不知，见微知著，责任恰恰是体现在细节方面的。对于那些"大事"，人人都看得见、都重视，看不出责任心的差别，而那些能够注重细节的人，才是真正做到负责的人。

老子《道德经》有言："天下难事，必作于易；天下大事，必作于细。"细节是人们工作中最容易忽略的部分，但它往往对结果有着至关重要的影响。在责任的落实过程中，细节是决定成败的关键，甚至可以毫不夸张地说，成也细节，败也细节。

在工作中注重小事和细节，让我们的责任体现其中，正是我们在职场上不断进步、不断提升自己所必备的素质和能力。或许我们的工作性质不同，忽视细节带来的危害大小也有不同，但是有一点是共通的，忽视细节最终必然导致事业的失败，导致人生贬值。

密斯·凡·德罗是 20 世纪世界最伟大的建筑师之一，在被要求用一句最简练的话来描述自己成功的原因时，他只说了 5 个字："细节是魔鬼。"一个成熟的职场人士，必须善于把握细节，对细节负责。"千里之堤，溃于蚁穴"，要知道，很多时候正是那些毫不起眼的细节决定了事情最终的结果，忽视细节会使你错失成功的机会，甚至付出惨痛的代价。

在职场上，不管员工有多么宏伟的计划或者多么高远的理想，如果对细节的把握不到位，就不能成长为一名精英。在工作中，任何一个人都有自己的职责范围，有些人负责一些比较重要且引人注目的工作，也有些人负责一些不被重视的小事，但是无论大事小事，都有必须注意的细节，成大事也要拘小节。

是否关注细节说明了一个人对待工作的态度是否端正。在我们的现实工作中，总是有一些忽略细节的重要性而敷衍了事的做法，对自己的要求不够高，对细节的要求不够精细。要知道，细节决定工作的品质，"细节决定成败"，不关注细节，不把细节当成重要的大事去负责，就无法保证取得理想的结果，也就很难获得职场上的成功。

工作虽然有大小，但是责任却不分轻重。如果你能重视工作岗位上的每一个细节，它就能成为注入成功沧海的那一条细流；如果你不重视它，它就是造成淹没一切的洪水中的那一滴雨水，将你淹没在失败的深渊之中。

士兵在战场上忽略细节可能会丢掉性命；飞行员在天空中忽略细节可能会导致飞机失事；建筑师忽略细节可能会使摩天大楼坍塌……在职场上行走，任何忽略细节、不负责任的行为都可能为自己酿造一杯饮鸩止渴的苦酒，把自己美好的职业理想葬送掉。要想让自己在职场上顺利成长，逐步把自己的职业理想变成现实，就要注重小事，用强烈的责任心去关注工作中的每一个细节。

◎ 小节伤大雅，甚至影响成败 ◎

小节伤大雅，很多大事的失败，起因都是那些微不足道的小节。

有些人在职场中不注意小节，不修边幅，他们认为小节无伤大雅，这种认识其实是非常错误的。比如说，有人在洽谈业务的时候吞云吐雾，毫不顾及别人的感受；有人在出席正式场合的时候打扮得像个街头小混混；还有人不分公私，总把办公室里的一些小东西随手带回家，当然这些东西都是有去无回……这些不良行径必将影响个人在职场上的发展。

刘备在《敕后主刘禅诏》中说："勿以恶小而为之，勿以善小而不为。"这说的是做人的道理，同样也是职场上的道理。于细微处更能够看到一个人的真实素质，所以，有些小节还是很有必要注意一下的。

那么，什么算是职场上的"小恶"呢？那些看似不起眼，却对工作产生或明或暗的不良影响的行为就是"小恶"。

谭建华是一家五金销售公司的业务部经理，在工作中，他是个"不拘小节"的人。

一天，一位非常重要的客户要带着助理来他们公司洽谈业务，恰好老板提前有事出去一会儿，就吩咐谭建华先接待一下，重要的事情等他回来再说。

谭建华在跟对方交换名片的时候随随便便，他还自以为是地讲了一个有关女秘书的笑话。

本来这也就是一个笑话，但是此次陪同这位老板来的助理恰巧是一位女士。她想："你这不会是影射我的吧？"于是心生不悦，连带着对他们公司的印象也大打折扣。

老板回来之后，双方洽谈完业务，于是派谭建华去给客户买点纪念品，然后送客户去机场。谭建华在选购纪念品时，特地私自给自己的老婆带了一份，而且发票开在了公司的费用里。而且，他跟营业员之间的谈话又不幸地被客户的助理听见了。

结果，那位客户回去跟助理商量之后，觉得这家公司风气不正，公司的业务经理缺乏起码的职业素质，于是决定放弃跟该公司合作的计划，最终把订单交给了另外一家公司。

老板百思不得其解，本来谈得好好的，怎么顾客又变卦了呢？他不知道的是，一笔大生意就毁在了谭建华的"小节"上。

小节伤大雅，很多大事的失败，起因都是那些微不足道的小节。大哲学家伏尔泰曾经说过："使人感到疲惫的不是远处的高山，而是鞋里的一粒沙子。"而那些容易被我们忽略的小节，就是我们行走于职场上的鞋子里的那一粒沙子，无法攀上高峰，就是因为这些沙子禁锢了我们前进的脚步。所以，不要因为恶小而为之。工作中的许多非常小的不良习惯，都可能会给我们的职业生涯带来巨大的危害。

在职场中，我们要尽量养成一些好的习惯。即使这些好习惯是一些不起眼的小事情，最终也会带给我们一些意外的收获。一个灿烂的微笑，一个微微鞠躬、双手递接名片的小动作，一句真诚的谢谢，一次体贴入微的行程安排……种种细节都有可能触发职场中意想不到的契机，成为撬动地球的那个支点。这些小细节所带来的正面影响往往不是特别明显，但是一点点积累起来，就很可能使你在职场上不知不觉地建立起巨大优势，从而改变你整个的人生轨迹，让你的事业从此走向成功的辉煌。

在职场上，很多人已经明白了小节的重要性。就连很多还没有正式进入职场的年轻人，在面试之前都会做好充分准备，保持自己的服饰整洁得体，对着镜子精心"演练"自己的一言一行，防止因自己的不修边幅而遭到拒绝。所以，在职场上摸爬滚打了很长时间的成熟的职场人，就更要注意小节，让自己的责任体现其中。

小刑是一家摄影器材公司的工作人员，他每次给客户服务的时候，都很负责任，会注重一些细节。

比如，给客户安装调试设备时，他总是戴上一次性的塑料手套，以防手印留在上面。同时，他还特意将服务卡上的售后电话用笔勾出来，让客户一眼就能找到，而且总是在后面附上自己的个人电话，以便客户能够随时找到他。

公司并没有要求小刑一定要这样去做，但他却很细心地考虑到了，而且养成了这个好习惯。时间长了，那些老客户都非常喜欢小刑，每次都直接打电话找他。就这样，小刑成了客户和领导眼中的"红人"，不久便被老板提拔为客户经理。

小节之中蕴含着成功的机会，许多大的成绩都是从做好一点一滴的小事开始的。所以，工作中，我们一定要有一种强烈的责任感，用做大事的心态去对待工作中的小节，重视身边的每一件小事。

反思一下，你对待细节够不够重视？比如，你有没有在书桌上把文件摆放得乱糟糟？你有没有边上班边吃零食的习惯？你有没有在别人面前发发对老板的牢骚？这些小节，都是不好的习惯，应该加以重视，尽量避免。

注重小节，不仅是一种理念，也是一种工作态度，更是一份职业责任。在工作中，我们不要放纵自己，不要忽视那些小节，要从点点滴滴做起，一步一个脚印，把责任体现在细节之中，这样才能成就大的事业。

因此，要担负起自己的责任，做好自己的工作，就需要我们从注重小节做起，勿以恶小而为之，勿以善小而不为，让我们的责任在小节中得到完美体现。

◎ 没有孤零零的责任，小事影响大事的效果 ◎

没有孤零零的责任，大事与小事之间存在着必然的联系，对小事不负责，就会影响大事的效果。

很多时候，人们往往只是把注意力放在一些大事上，却忽略了一些小事。等到工作结果出现了巨大的偏差以后，才懊悔地想起："哎呀，我要是把那件事做好，结果就不会这个样子了。"可惜，世上没有卖后悔药的。其实，这样的结果就是因为没有认识到责任之间的联系导致的。

任何事物都不是孤立的，人离开了社会这个群体很难生存。也许有人会说，野人不也活得好好的吗？但野人也不是孤立的，他也需要空气、食物、水等其他东西。对于我们的工作来说也是如此。一件事情搞砸了，原因绝不仅仅是孤零零的，通常大事没做成，肯定是之前的小事没有做好。

一只小小的蝴蝶在赤道附近轻轻扇动一下翅膀，就可能在南美洲掀起一场飓风，这就是人们常说的蝴蝶效应。它告诉我们：事物和工作的各个环节之间存在着一定的联系，责任之间不是孤立的，小事的结果决定着大事的成败。

1485年，英国国王查理三世准备在波斯沃斯和兰凯斯特家族的里奇蒙德伯爵亨利展开一场激战，以此来决定由谁统治英国。

战斗打响之前，查理派马夫去给自己的马钉好马掌。马夫发现马掌没有了，于是，他对铁匠说："快点给它钉掌，国王希望骑着它打头阵。"

"我需要去找一些铁片，"铁匠回答，"前几天，因给所有的战马都要钉掌，铁片已经用完了。"

"我等不及了，你赶紧地。"马夫不耐烦地叫道。

于是，铁匠把一根铁条弄断，作为四个马掌的材料，把它们砸平、整形之后，用钉子固定在马蹄上。然而，钉到第四只马掌的时候，他发现少一颗钉子。

铁匠停了下来，他要求马夫给他一些时间去找颗钉子。

"我等不及了，军号马上就要吹响了。"马夫急切地说，再一次拒绝了铁匠的要求。

"没有足够的钉子，我虽然也能把马掌钉上，但是马掌就不能像其他几只一样那么牢固了。"铁匠告诉马夫。

"好吧，就这样！"马夫叫道，"快点，要不然国王会怪罪我的。"

于是，铁匠便凑合着把马掌钉上了，第四只马掌少了一颗钉子。

战斗开始以后，查理国王骑着这匹战马冲锋陷阵，带领士兵迎战敌军。突然，一只马掌脱落下来，战马跌倒在地，查理也被掀翻在地上，受惊的马爬起来逃走了。国王的士兵跟着溃败，亨利的军队包围了上来，把查理活捉了。

查理不甘地大喊道："马！一匹马，我的国家倾覆就因为这一匹马啊！"

其实，他不知道的是，真正的原因是第四只马掌上缺失的那颗小小的钉子。

从那时起，人们就传唱这样一首歌谣："少了一颗铁钉，丢了一只马掌。少了一只马掌，丢了一匹战马。丢了一匹战马，败了一场战役。败了一场战役，失了一个国家。"

一个帝国的存亡竟被一颗小小的钉子左右了，这深刻地演绎了蝴蝶效应的威力。查理三世失去国家，这是个巨大的事件，但是责任的源头竟是马夫不肯给铁匠一点时间去找颗钉子。后人无不为查理三世国王扼腕叹息，当初那个失职的马夫，也会为此懊悔至极吧。可惜，历史已经改写，再也无法挽回了。

在职场上，员工一定要记住，没有孤零零的责任，大事跟小事之间存在着必然的联系，尽不到对小事的责任，就会影响大事的效果。中国有一句古话，叫"失之毫厘，谬以千里"，讲的是任何细节或者小事，都会事关大局，牵一发而动全身，对工作的最终结果产生影响。所以，我们的工作责任感需要体现在工作的各个环节之中。

我国"神舟"系列飞船的相继成功发射，标志着中国载人航天事业取得了重大进展。在"神舟"成功的背后，火箭是最基础的部分，一旦这个系统发生了问题，一切将灰飞烟灭。火箭从基座到顶端，需要坐电梯跨越7个楼层。它长达58.3米，直径2.25~3.35米，起飞总质量为580多吨，身上装有4万多个元器件，价值约2亿元人民币。

很难确切统计，共有多少人参与长征火箭的设计和生产中。如果算上生产元件的90多个厂家，恐怕不下10万人。这是一个多人协作、环环相扣的巨大工程。

尽管其中某一个人能起到的作用微乎其微，但只要有一个人有一点疏忽，就可能给火箭乃至整个航天系统带来灭顶之灾。但是，我们的火箭从没有发生过事故，正是每一个人对待工作的认真负责，每一个环节都尽到了自己的责任，这才创造了属于我们中国人的骄傲，神话故事中的传说，在我们手中变成了现实。

现代社会分工越来越精细，我们的工作也不是孤零零存在的，而是越来越联系密切。同样，责任之间也是环环相扣的，对于一项巨大的工程来说，哪怕看似跟它关系不大的一个细微之处，也可能会成为影响其成败的关键。

"蝴蝶效应"告诉我们，任何事物都是有联系的，工作中也没有孤零零的责任。一只蝴蝶扇动那美丽漂亮的小翅膀可能成为毁灭性龙卷风的源头，类似的事情可能也会在我们身上发生。我们在职场上一次无足轻重的不负责任，可能导致一项宏伟工程的破产；而我们如果对每一件手头上的小事都能认真负责，那么万里长征的军功章上也必然会有我们的名字。

只要我们能够对工作中的每一件事情认真负责，无论我们的任务是大是小，也无论岗位看上去是重要还是无关痛痒，只要我们尽到责任，都必然会使得以后的结果向着好的方向发展。只要我们把每一件小事做好，就能成就大事。

◎ 赢得客户认可，需要服务细节化 ◎

只要能够本着认真负责的态度对待顾客眼中的小事，把它当作自己工作中的大事去解决，那么成功就会不期而至。

当今社会竞争日益激烈，商场如战场一样残酷。企业或员工稍有懈怠，便有可能被超越或者淘汰，成为"沉舟侧畔千帆过"里的那只沉船，眼睁睁地看着别人成功，自己品尝失败的苦果。

"客户是上帝"，不是一句空洞的口号。要想始终赢得客户的青睐，为企业争取最大的利益，就要用负责的心态为客户解决一切问题。哪怕是客户自己都不特别在意的小事，你也要放在心上，及时地发现并解决。只有这样，企业才能站稳脚跟，逐步发展，而你才能得到更多的发展机会。

企业的发展状况与员工个人的利益和发展密切相关。为此，每个员工都要清楚：关注小事是自己应尽的责任，只要是关系到客户的事情就没有小事，对自己的岗位负责任就是要把客户的事情解决好。

1971 年，伦敦国际园林建筑艺术研讨会上，迪士尼乐园的路径设计获得了"世界最佳设计"称号。当时迪士尼乐园的总设计师是格罗培斯，迪士尼的路径设计获奖后，许多记者去采访这位大名鼎鼎的设计师，希望他公开自己的设计灵感与心得。格罗培斯说："其实那不是我的设计，而是游客的智慧。"

迪士尼乐园主体工程完工后，格罗培斯对于路径的设计一直心存担忧，因为他看到了太多的公园里立上"禁止踩踏"的牌子而毫无效果，游人照样会选择他们最方便的路径去穿越草坪。因此，他必须设计出最能切合游客心意的路径。

　　格罗培斯最后终于想出了办法，让游客自己决定行走的路线。于是，他宣布暂时停止修筑乐园里的道路，接着指挥工人们在空地上都撒上草种。等小草长出以后，乐园宣布提前试行开放。

　　5个月后，乐园里绿草茵茵，但草地上也出现了不少宽窄和深浅不一的小径，那是蜂拥而来的游客们踩踏出来的。格罗培斯马上让工人们根据草地上出现的小路铺设人行道。就是这些由游客们自己不知不觉中用脚步"设计"出来的路径，在世界各地的园林设计大师们眼中成了"幽雅自然、简捷便利、个性突出"的优秀设计，也理所当然被专家们评为"世界最佳"。

　　除了格罗培斯，迪尼乐园的其他设计师也同样把游人的要求放在第一位，把最完美的艺术品呈现给他们，细节之处绝不放过。

　　比如，在动物王国的很多道路设计中，他们用混凝土来塑造泥泞的碎石小路，正如他们在去非洲旅行时所见的真实场景。但是乐园里会有大量的人和车辆经过，因此用真实泥土的想法被否定了，而显眼的灰色混凝土会让人感觉单调并显得格格不入。所以，他们把混凝土表面染上颜色，加一些辅料，并印上车辙和曲线，使之看起来像条布满痕迹的泥路。

　　因为以前从未有人想过要让混凝土看起来像泥巴，所以他们去跟混凝土制造商讨论产品。他们做了大量的抽样调查以确保达到预期效果，并使用巴士轮胎在公园里轧出车辙。

　　类似地，为了避免游人进入特定区域的栅栏也被反复斟酌，钢铁或者竹木做成的围栏会给游客带来隔阂感。"我们可以用断壁残垣、一棵倒了的大树、一辆废弃的吉普，这些东西都能用作屏障。"另一位设计师 Larsen 说，"一些最困难的问题，最后我们却处理得丝毫不露痕迹"。

迪士尼乐园的设计完全考虑到了游客的需要，不论是行走路线的方便快捷，还是心理上的密切而无隔阂，他们都十分细心地做了最完美的处理，真正把游客当成了上帝。哪怕最微小的地方，他们也认真负责地解决了。对待工作和客户如此地负责，迪士尼的成功自然也就没有什么意外了。

现代社会商品以及各种服务已经非常丰富，除了一些垄断行业，顾客基本上拥有自主选择的能力。过去物资匮乏的年代，买什么都要凭票供应，顾客爱买不买。而现在的顾客，往往会货比三家，比质量、比服务，你不能让他称心如意，他是不会在你这里浪费一毛钱的。所以，如何赢得顾客的青睐，是任何一个企业都不敢忽视的问题。从很大程度上来讲，顾客决定着企业的发展前景，间接或者直接地影响着员工的利益。

员工如果能够做到对工作认真负责，无论大事小事都能为顾客着想，热情主动地帮助顾客解决问题，那么他的收获绝对不只是赢得了这一个客户。美国著名推销员乔·吉拉德在商战中总结出了"250 定律"。他认为每一位顾客身后，大体有 250 名亲朋好友。如果你赢得了一位顾客的好感，就意味着赢得了 250 个人的好感；反之，如果你得罪了一位顾客，也就意味着得罪了 250名顾客。

只要员工能够本着认真负责的态度对待顾客眼中的小事，把它当作自己工作中的大事积极主动地去解决，那么成功就可能会不期而至。反之，如果对待顾客遇到的事情不以为然，总是强调："不就是这么一件小事吗?" "有什么大惊小怪的,这种事情我见得多了!很正常。"若以此来敷衍你的客户,最终你将尝到自己亲手种下的苦果。

某位经营医疗器械的老总,在其事业的发展过程中,曾发生过这样的事:

有一天,医院和经销商突然纷纷退货。最着急的当然是企业的老板,他几度沉浮历尽艰险,好不容易有点起色了,终端市场却出现了退货。

通过追查,这些不合格的产品竟然只是因为一个生产线上的工人粗心大意,他把器械的正负极装反了。这本来是非常容易纠正的问题,然而,让人没想到的是下一道工序的工友虽然知道他安装反了,但因为事不关己,也就任其发生了,没有提醒他。就这样,产品从生产线上生产出来,后来到了客户手上,客户又退了货,最终又回到了自己的手上。

把产品的正负极装反貌似是一件小事情,但其产生的严重后果成了一件大事,致使企业的品牌和声誉大受影响。如果医院没有发现这个问题而用在患者身上,那后果就更可怕了。那位没有及时纠正同事犯错的员工看似不值得一提,但这种对企业利益漠不关心的员工怎么会受到重用呢?

绝不能忽略工作中的任何小事。任何小事处理不好,都可能给企业造成不可挽回的损失,酿成令人惋惜的大错。对待小事认真负责,是成就大事不可缺少的基础。要想在职场中发展,就要对每一件小事认真负责,担负起自己的责任,做好自己的本职工作,把顾客眼中的小事都当成关系企业生死存亡的大事来做。

◎ 总是"差不多"，最终就会"差很多" ◎

"差不多"的心态要不得。哪怕只差一点点，也是对工作的不负责。所以，坚决不要做"差不多"先生，要做"精细"先生。

胡适先生曾经写过一篇《差不多先生》，里面的主人公常常说："凡事只要差不多，就好了。何必太精明呢？"他小时候，把白糖当作红糖买来；上学的时候，把山西跟陕西混为一谈；做伙计记账的时候，常把"十"字当成"千"字；到后来他病得要死了，家人跟他一样，把兽医王大夫当成给人治病的"汪大夫"，结果生生把他医死了。临死的时候，他还觉得其实死人跟活人也差不多。

我们读到这个故事，多半会一笑置之，把它当作一个笑话而已。其实，这种"差不多"先生，在现代职场中也不少见。有些人只管按月领饷，不问贡献，只是做一天和尚撞一天钟。比如，去参加展销会，他们觉得晚到10分钟跟早到10分钟其实差不多；一份企划方案，他们觉得旺季和淡季差不多；一份报价单，他们觉得预计10%的利润跟11%的利润也没多大差别……把事情做得"差不多"成了他们的行为准则。

每个企业和组织里都可能存在这样的员工，这些人有一个共同点，那就是做事不够精细，或者说责任感仍然不够强。他们每天上班迟到个三五分钟，好像也不是什么大错，很少能够按时到达工作岗位开始工作；他们每天忙忙碌碌，却不愿精益求精，把工作做到位。在职场上，"差不多"先生永远只能做跑龙套的配角，而只有那些对工作做到精细到位的人才能成长为企业的中坚力量，得到重用。

野田圣子曾经在日本东京帝国饭店打工，她的第一份差事是清洗这家饭店的厕所。

圣子从小没干过家务又特别爱干净。因此，在洗厕所时她实在难以忍受那种气味，尤其是用她细嫩柔滑的手拿着抹布去擦拭马桶时，近距离接触让她胃里翻搅，几乎要呕吐出来。

圣子哭过，她几次想放弃，然而好胜心又驱使她坚持下去。

这时，有一位前辈出现了，他看出了圣子的烦恼。于是，他没有多说一句话，而是给圣子做起了示范：他一遍一遍地刷着马桶，不放过任何一个角落，他对马桶的专注就像是对待初恋情人一样，这让圣子非常惊讶。

这位前辈的清洁工作完成之后，从马桶里盛了一杯水，然后毫不迟疑地一饮而尽。这个举动让圣子彻底震惊了。他告诉圣子，这就是"光洁如新"，新马桶里的水自然是干净的，所以只有马桶的水达到可以喝的洁净程度，才是真的把马桶抹洗得"光洁如新"，而不是差不多干净了就行了。

从此，圣子认识到工作本身并无贵贱，责任的真谛就是把每一个细节、每一件小事情都做到位、做到极致。

后来，饭店的高管来验收圣子的工作时，圣子在众人面前舀起了一杯马桶里的水喝了下去。圣子大学毕业后，顺利地进入帝国饭店工作，还成为该饭店最出色的员工。

每个人的职业道路都要靠自己来走，要留下自己不可磨灭的脚印到达成功的终点。这一切，不是靠你的高学历，也不是靠你显赫的家世，而是靠你对工作负责敬业的态度。只有不满足于把事情做到差不多，而是用十二分的责任感对待十分的工作，把工作做到极致，你才能如圣子一样，成为职场上令人瞩目的风景。

　　"差不多"的工作态度是不负责任的表现，其结果是工作马马虎虎、敷衍了事。"差不多"说明的问题不在于"不多"，而是"差"，就是没有做到位。持有"差不多就行，何必太认真呢"这种工作态度的员工不仅使自己的工作做不到位，还会阻碍企业的发展。

　　"差不多"，其实差得很多。竞技场上，冠军与亚军的区别，有时候小到肉眼无法判断。比如短跑，第一名与第二名有时可能相差 0.01 秒；又比如篮球比赛，胜利者和失败者有时候仅仅是一分之差。然而，冠军与亚军所获得的荣誉却有天壤之别，全世界的目光只会聚焦在胜利者身上，谁也不会去关注失败者的泪水。

　　有一天，著名雕塑家米查尔·安格鲁在他的工作室中向一位参观者解释，他一直在忙于上次这位客人参观过的那尊雕像的完善工作。他告诉参观者自己在哪些地方润了色，使那儿变得更加光彩，怎样使面部表情更柔和，使嘴唇更富有表情，去掉了哪些多余的线条使那块肌肉显得更强健有力，使全身显得更有力度。

　　那位参观者听了不禁说道："但这些都是些琐碎之处，不大引人注目啊！"雕塑家回答道："一件完美作品的细小之处可不是件小事情啊！"正是

130

对细节和小事做到极致，才成就了这位伟大的艺术家。

　　无独有偶。画家尼切莱斯·鲍森画画有一条准则，即把细节都做到位，追求极致。他的朋友马韦尔在他晚年曾问他，为什么他能在意大利画坛获得如此高的声誉。鲍森回答道："因为我从未忽视过任何细节，我总是用做大事的心态去对待身边的每件事情。"

　　有的人每天擦六遍桌子，他一定会始终如一地做下去；但有的人一开始会按要求擦六遍，慢慢地他就会觉得五遍、四遍也可以，最后索性不擦了。每天的工作欠缺一点，天长日久就成为落后的顽症。这句话道出了职场上那些失败者失败的原因，值得我们职场上的每一个人警醒。

　　在职场上，这种"差不多"的心态要不得。每个人都要在工作中不折不扣地尽到自己的责任，不能满足于"差不多"，哪怕只差一点点，也是对工作的不负责任。因为说不定哪一天，这一点点就会变成压垮骆驼的最后那根稻草，使我们与成功失之交臂。所以，坚决不要做"差不多"先生，要做就做"精益求精"的"完美"先生。

第八章 ／ 忠于职守
有尽心尽力的责任感，信任就没有难度

忠诚是员工最重要的品质，也是最基本的职业精神。要想成为值得信赖的人，就必须以实际行动体现出忠诚。对于企业来说，忠诚能带来效益，增强凝聚力；对于个人来说，忠诚能促进能力，提升竞争力。有了忠诚，我们就能够创造出优秀业绩，使自己稳步发展。

◎ 忠诚犹如树根，有根才有果 ◎

忠诚就是一种对工作的责任心和使命感。它是个人生存的根本，不可或缺。它比能力更重要。

当今社会经济飞速发展，职场竞争日趋激烈，人们在工作中都在不断地学习进步，以提高自己的能力，适应激烈的竞争环境，在职场上站稳脚跟。时代在变化，遇到的问题也在不断变化，人们的工作方法也会随之变化，能力也在不断提高，但是对工作的尽职尽责和忠诚是永远不能变的。

现代企业中，有远见的领导人在用人时第一看重的不是能力，而是个人

的忠诚度。企业的用人要求是：忠诚第一，能力第二。能力可以通过培养获得，但是忠诚往往来源于员工个人尽职尽责的职业素质，这个是企业不容易掌控的。忠诚体现在工作上，就是一种对工作的责任心和使命感。因此，将忠诚作为企业用人的一个衡量标准，已经被广泛认可。如果说能力是企业发展的动力，那么忠诚就是企业生存的根本，不可或缺，忠诚比能力更重要。

　　某国际贸易公司业务部的业务员小刘，平时算得上是一个很有能力的人，他每个月都能拿到不少的订单。但是，有一次部门经理在计算业绩的时候漏掉了一份订单，致使漏发了小刘3000块钱的提成。后来，总经理知道这件事情以后，又补发给了他，但是小刘觉得部门经理是故意的，是妒忌他的能力。

　　自从这件事以后，他跟部门经理产生了激烈的冲突，并一直耿耿于怀。结果，他在这个公司里看谁都不顺眼了，对待工作也开始应付起来，甚至准备跳槽到竞争对手那里，以此来报复现在的公司。

　　为了向竞争对手邀功，小刘私下把公司里重要的客户信息透露给了对方，还给对方提供了自己公司报给客户的底价。凭着小刘给对方提供的这些资料，竞争对手很快动用手段把公司的几个重要客户拉走了。公司里从老板到普通员工都非常着急，小刘却在为自己的阴谋得逞而窃喜。除了这些，他还匿名向当地的工商税务部门举报，抹黑公司的形象。虽然公司没有什么财务问题，但他这样做还是给公司的声誉带来了损害。

　　经过公司里同事们的观察，最后确定是小刘在背后捣鬼，给整个公司带来了很大的损失。总经理一怒之下差点要把他告上法庭，最后还是放了他一马，把他开除了事。

　　小刘虽然灰头土脸地走了，他还以为自己会受到竞争对手那家公司的重用，但是等到他主动找上门去，幻想着一去就能成为骨干的时候，却遭到了冷遇。对方明确地告诉他，像他这样不忠诚的员工公司是不会要的。一个员工如此对待老东家，新公司自然也担心他以后如法炮制。这样的员工就像一颗随时会爆炸的炸弹，谁知道什么时候公司就会为他付出巨大的代价？

最后，小刘不仅没得到更好的工作岗位和机会，还落了个恩将仇报的骂名，当地同行业的公司都对他敬而远之。他最后没办法，只好去了外地，从头再来了。

小刘虽然很有能力，但是他对公司的责任心却敌不过那点小心眼儿，他的忠诚显然不足以让他恪守职业道德。他的能力，在不忠诚于公司的时候，产生了巨大的破坏力，给公司带来了巨大的损失。当然，他自己也没落下什么好处。

作为员工，我们要对自己的工作和岗位忠诚，对自己的企业和老板忠诚。一旦我们失去忠诚之心，有可能就会违反道德准则，或者做出一些有悖于职业操守的事情，最终搬起石头砸自己的脚，受害者还是自己。忠诚胜于能力，只有对企业和团队忠诚的人，领导才会放心地把重要工作交给他，才能把重要的职位交给他，也才能为他提供更好的发展机会。如果一个人的忠诚度被人怀疑，别说有好的职位在等着他，恐怕他连工作的机会都没有。

很多有才华、有能力的人在工作中忽略了忠诚，他们不明白为什么明明自己对岗位能够胜任，做事也没有什么大的失误，那么长时间了，领导就是不提拔重用自己呢？

这些人也许在刚进入公司时，还是有很强的责任心的。然而，随着时光的流逝，他们的责任心不再保持，对公司的忠诚度也逐渐下降，他们的能力和才华仅仅被浪费在了应付工作上。失去了责任心和忠诚度，他们的能力和才华也很难百分之百地发挥出来。这是一件很可悲的事情，他们不懂得忠诚比能力更重要，老板需要他们忠诚的时候，他们却只剩下了能力。

忠诚是一种理智的职业生存方式，如果员工为了个人利益而置公司利益于脑后，经不起金钱的考验，辜负了企业的信任，无论他有多么非凡的能力和才华，领导都不会对他放心，更不会让他承担很大的责任。因为对于公司来说，不忠诚的人能力越大，所处的位置越重要，他的不忠对公司造成的危害就越大。这种人肯定是需要领导严加防范的，一旦出现工作失误，老板就会毫不犹豫地辞退他，他想要在职场上获得大的成就就很难了。

那些对公司忠诚的员工，往往有着良好的心态和高度的责任心，他们不会去做不利于公司和老板的事情。哪怕他们的工作普通，职位较低，哪怕他们没什么能力，但是他们会抱着忠诚的态度，脚踏实地地投入工作中去，尽到自己的职责。这样的人，就像是默默无闻的"老黄牛"，只要对公司忠诚，竭尽全力为公司出力，公司是不会亏待他的。

◎ 保守公司秘密，是最基本的职业道德 ◎

保守公司秘密是最基本的职业道德，如果不能恪守，那么不仅谈不上发展，就连立足之地都会失去。

说起战争年代那些出卖自己国家和同胞的"叛徒"、"汉奸"，大家无不牙根发痒，恨不得食其肉、饮其血。正是他们把我们的秘密透露给敌人，才使得敌寇长驱直入，造成国土沦丧，人民流离失所，人们恨之甚至于恨敌人。

在职场上，这种出卖自己公司机密的人也同样令人发指。虽然他们给公司造成的危害是经济财产上的，但是从本质上来讲，这种出卖公司秘密的不忠行为，跟战争年代的"叛徒"、"汉奸"毫无二致，势必会遭人唾弃或鄙视。

克里丹·斯特曾经担任美国一家电子公司的工程师，他对工作一直兢兢业业，干得非常出色。但是，由于他所在的这家公司资金不是很雄厚，规模比较小，因而时刻面临着实力较强的比利孚电子公司的压力，处境很艰难。

有一天，比利孚电子公司的技术部经理邀请克里丹共进晚餐。饭桌上，这位经理向克里丹建议，只要他把公司里最新产品的数据资料拿一份出来，这位经理就给他很高的回报。

没想到一向温和的克里丹听到这话之后非常愤怒："不要再说了！我们公司虽然规模不大，处境也不好，但我绝不会出卖自己的良心做这种见不得人的事，任何一位恪守职业道德的人都不会答应你这种要求的！"

"好，好，好。"这位经理见了克里丹这种反应，不但没生气，反而接连说了三个"好"字。他颇为欣赏地拍了拍克里丹的肩膀，"好了，不要生气了，这事就当我没说过。来，干杯！"

不久以后，克里丹所在的公司因经营不善而破产。克里丹也随之失业了，虽然他不停地寻找着就业机会，可一时很难找到合适的工作。于是，他只好焦虑地等待着。可是没过几天，克里丹竟意外地接到比利孚公司总裁的电话，让他去一趟比利孚电子公司。

克里丹百思不得其解，不知这家实力雄厚的昔日对手找他有什么事。他疑惑地来到比利孚公司，比利孚公司的总裁以出乎意料的热情接待了他，并且拿出一张非常正规的聘书。原来他们要聘请克里丹做"技术部经理"。

克里丹非常惊讶，他很疑惑，他们这家公司效益很好，公司内部人才济济，为什么偏偏选中了他呢？总裁告诉他，公司原来的技术部经理退休了，他向自己说起了那件事，并特别推荐了克里丹接替他的工作。最后，总裁哈哈一笑，说："小伙子，你的技术是出了名的优秀，但这不是让你担任这个重要职位的主要原因，你的忠诚才是让我佩服的原因，你是值得我信任的那种人！"

克里丹一下子明白过来了，原来是自己对原公司的忠诚、自己恪守职业道德的品质，为自己带来了这个难得的机遇。后来，他凭着自己的不断努力，一步一步成为了一名一流的职业经理人。

李嘉诚曾经说："做事先做人，一个人无论成就多大的事业，人品永远是第一位的，而人品的第一要素就是忠诚。"对公司忠诚的人，他会自觉维护公司的利益，绝不会出卖公司的任何商业机密，这也是一个忠诚的人最起码的标准，是一个职场中人最基本的职业道德。如果员工连保守公司秘密这个最基本的职业道德都不能恪守，那么他不仅谈不上得到更大的发展，就连职场上的立足之地都会失去。

有些人时时刻刻惦记着自己的利益，工作只不过是他们用来谋求利益的手段。在他们眼里，公司的利益和自己毫无关联。这样的人，既不忠于公司，也不忠于工作。只要眼下出现更好的机会，他们就会毫不犹豫地抛弃公司，抛弃自己的工作。更有甚者，这些人为了一时的利益，竟会出卖公司的机密，这也是一种最愚蠢的行为。

泄露公司机密，不仅是一种背叛公司的行为，更是一种背叛自己的行为。在出卖忠诚的同时，也出卖了自己的职业道德。对于这种人来说，他靠出卖忠诚来换取利益，但是忠诚是无价的，他把自己"贱卖"掉以后，在职场上就没有什么身价了。这种行为只能使他名誉扫地，不但在原公司中无法立足，任何一个理智的老板也不会养虎为患、收留这种人的。最终，他将失去自己最大的利益：实现自己人生价值的机会。

有一位才华出众的年轻人，先在某知名大学修了法律课程，又在另一知名大学修了工程管理课程。这样优秀的人才，理应工作顺利，前途无量。可是，事实并非如此，他反而上了多家企业的黑名单，成为这些企业永不录用的对象。

原来，他毕业后，去了一家研究所，参与研发了一项重要技术。接着就跳槽到一家私企，并以出让那项技术为代价做了公司的副总。不到3年，他又带着公司机密跳槽了。

就这样，他先后背叛了好几家公司。许多大公司得知他的品行后都不敢用他，怕哪天又被他给出卖了。如今，他已经被多个企业列入了黑名单，惶惶如丧家之犬。

在职场中，人们更是奉"忠诚"为衡量员工品质的首要标准。如果说智慧和经验是金子，那么比金子更珍贵的则是忠诚。在一项对世界著名企业家的调查中，当被问到"您认为员工最应该具备的品质是什么"时，他们几乎无一例外地选择了忠诚。保守秘密，是员工的基本行为准则，也是成就员工自身人生价值的需要。

从古到今，没有谁不需要忠诚。皇帝需要他的臣民忠诚，领导需要他的下属忠诚，夫妻、朋友之间都需要对方忠诚。在职场上，机密关系到企业的成败，关系到公司的利益和声誉。作为一名合格的员工，一定要恪守自己的职业道德，对公司的秘密做到守口如瓶。严守公司秘密，是员工取得老板信任的重要一环。

对公司忠诚，还要时刻提醒自己，防止自己在无意中泄露公司的秘密。如果保密思想不强，说话随便，那么就很容易说出不该说的话，从而造成泄密。当今社会，信息就是利益，不经意地泄密，就很可能使公司处于被动，甚至会给企业造成极大的损失，造成不可挽回的影响。所以，下属一定要处处以企业利益为重，处处严格要求自己，做到慎之又慎，这才是员工对工作和公司的一种负责任的态度。

职场是个诱惑颇多的地方，所以那些能够守护忠诚的人就更显得珍贵。作为一名员工，你时刻都要牢记：叛徒是没有好下场的。只要你是公司的一员，就有职责为公司保密。恪守你的职业道德，也必将有利于你的职业发展。

◎ 忠诚度越高，离"赏识"越近 ◎

忠诚度决定了一个人和老板距离的远近，决定了受信任的程度。

在职场上，我们经常会听到这样的抱怨：

"小孙才来公司两年，我都来了 5 年了，为什么提拔他做部门经理而不是我呢？"

"平时我跟老王干差不多的工作，怎么老板一下子把他安排到重要位置上，而我还是个小职员呢？"

……

企业和老板在用人时绝不是仅仅看重个人能力，而是更看重个人品质，而品质中最关键的就是忠诚度。在职场上，有能力的人比比皆是，只有那种既有能力又忠诚的人，才是每一个企业和老板渴求的理想人才，也只有这样的人才能赢得老板的信任。

老板提拔任何一位员工都是经过深思熟虑和细致考察的，遇到提拔他人而不是自己的时候，抱怨于事无补。这时候，首先要反思一下自己在哪方面出了问题，尤其是自己对公司的忠诚度。

每一位老板在提拔下属的时候，优先考虑的总是那些忠诚的员工，其次才会考虑员工的能力。换句话说，老板提拔人才时，是从忠诚的员工里面挑选能力强的；没有忠诚度的员工，根本就得不到老板的信任，更没有被挑选提拔的机会。

田伟军是一名退伍军人，几年前经人介绍，来到了一家电器工厂做仓库管理员。

　　虽然他的工作并不繁重，无非就是平时开关大门，做做来人登记，下班的时候关好门窗，平时转悠一下看看有没有安全隐患，注意防火、防盗等。然而，田伟军却沿袭了部队里的一贯良好传统，做得非常地认真，一丝不苟。

　　除了本职工作，他一有时间就整理仓库，将货物按区域分门别类地摆放得整整齐齐，使工人入库存货的时候非常方便。并且他每天都对仓库的各个角落进行打扫清理，一点儿都闲不住。

　　田伟军担任仓库管理员 5 年以来，仓库一直井井有条，也没有发生一起失火、失盗事件，工作人员在提货时都能在最短的时间找到所需的货物，大大提高了工作效率。在工厂建厂 50 周年的庆功庆典大会上，老板按 10 年以上老员工的待遇，亲自为田伟军颁发了 2 万元奖金。很多老职工都不理解，"为什么田伟军才来厂里 5 年，就能够得到如此高的待遇呢？"

　　对于很多人的疑惑，老板给出了解释："在田伟军来到以后的 5 年里，仓库没有出现一次哪怕是很小的事故，相对于以前三天一小事、五天一大事的情况来说简直有天壤之别。而且其他员工到仓库里入库或出库的时候也可以看到跟以前的区别。作为一名普通的仓库管理员，田伟军能够做到五年如一日地不出任何差错，而且积极配合其他工作人员的工作，对自己的岗位忠于职守，以自己的尽职尽责表达对公司的忠诚，这些都是非常可贵的。"

　　最后，老板说："你们知道我这 5 年中每次检查仓库有过几次不满意吗？一次没有！鉴于田伟军对公司和岗位的忠于职守，我觉得授予他这个奖励天经地义！"

任何一位老板，都是宁愿信任一个能力一般但忠诚度高、敬业精神强的人，也不愿重用一个朝三暮四、视忠诚为无物的人，哪怕他能力出众。在企业中，员工与老板的关系就像一个个"同心圆"，圆心是老板，而员工分布于离"圆心"不同距离的圆内，忠诚度越高的人，离"圆心"越近，而忠诚度越低的人，则离"圆心"越远，也就是说忠诚度决定了一个人和老板距离的远近，决定了受老板信任的程度。

忠诚的人即使能力不是特别卓越，也会受到老板的重视，公司也会乐意在这种人身上投资，给他们培训提高的机会，帮助他们提高自身的能力和才干，因为这种员工是值得公司信赖和培养的。因此，每一名员工都要有忠于企业的思想。

从前，有一位伟大的国王，统治着幅员辽阔的大地，可惜他没有子嗣。为了继承人的问题他绞尽了脑汁，后来他终于想到了一个办法。

国王召集了全国的男孩子，给他们每人发了一粒种子，并且告诉他们：等到来年春天的时候，谁种出的花儿最漂亮，就把王位传给谁。

男孩们都欢天喜地地领回了种子。有一个小男孩，回家按季节把种子种到花盆里以后，每天小心翼翼地照顾它，按时浇水、施肥。他十分期待自己的花儿是最漂亮的。可是，让他失望的是，随着日子一天天地过去，他的种子丝毫没有发芽的迹象。到了开花的季节，看着光秃秃的花盆，他沮丧极了。

国王挑选最漂亮的花儿的日子到了，全国的小朋友们都来了，人人捧着鲜艳美丽的花盆。有高贵典雅的牡丹，有浓郁芳香的玫瑰……那个没有种出花来的小男孩羞愧地躲在后面，端着那个光秃秃的花盆。

没想到，国王没有理会那些种出漂亮花朵的孩子。他径直走到小男孩面前，告诉他，自己决定把国王的位子传给他。人们都惊讶极了。这时，国王说："我给你们的花种都是煮熟了的，根本不可能发芽、开花。只有这个小男孩没有欺骗我，忠诚于我的指示，用心地栽培这粒不能开花的种子。把王位交给这样的人，我很放心。"

这个故事告诉我们，在企业里，重要的位置是不可能交给一个毫无忠诚可言的员工的。忠诚是职场上一个人最好的个人品牌，同时也是最值得重视的职场美德，是每名员工都应该具备的素质。忠诚决定了这个员工在企业中的重要地位，这样的员工必将赢得老板的重视和信赖。空有一身技能，但是对企业没有足够忠诚度的人，他们的职业生涯可能是从一个新手变成一个熟练的技师，或者从 2000 元的工资拿到 5000 元，但很难成为企业的核心人员，很难成为职场上的精英。

要想赢得老板的信任，对企业和老板忠诚就是最好的方法。忠诚的员工在企业生死存亡之时，可以与企业共渡难关，是企业生存的命脉；而在企业稳步发展之时，忠诚的员工可以得到老板的信赖，从而委以重任。我们每一个人，都应该做一名忠诚的员工，和老板一起乘风破浪、共创辉煌！

◎ 忠诚不是空话，它需要敬业精神做支撑 ◎

忠诚不是用嘴说说就行的，它需要用敬业精神来付诸行动。在工作中，踏踏实实地敬业就是实践忠诚的最佳途径。

很多人虽然明白忠诚对公司发展和个人前途的重要性，但是却不知道怎样才算忠诚，没有人来向他打听公司的机密，也没有人暗中拉拢他跳槽，自然也就没有机会拒绝别人的这些小动作。那么，是否这样就无法实践自己对工作和公司的忠诚了呢？

很显然不是的，忠诚就是要对工作尽职尽责。在职场上，我们的忠诚是用敬业来实践的。

有些人也许觉得自己只不过工作不是特别认真而已，算不上不忠诚，其实不然。一个对待工作不够认真的员工，其忠诚度本身就值得怀疑。因为忠诚是敬业的基础，只有忠诚，才能激发出员工对工作的责任感和使命感，从而用尽职尽责的敬业心态对待自己的工作。

所以说，忠诚的员工是那些对待自己的工作有敬业精神的员工，忠诚的员工会在自己的岗位上兢兢业业、尽职尽责地工作，他们用敬业来实践自己的忠诚。如果一个人真的忠于职守，忠诚于自己的工作和公司，那么他又怎么可能不敬业呢？

一个下雨天，韩国现代汽车公司的一位员工，在下班回家的路上发现一辆他们公司生产的轿车的雨刮器失灵了，车主正在冒雨修理。车主可能不太懂，在摆弄了一会儿之后，就跑到一旁去打电话，估计是想找人来帮忙。

　　此时，对公司的忠诚和责任感促使这位员工没有对这辆车子无动于衷。他主动走了过去，从自己车上的工具箱中拿出工具，冒着大雨开始对轿车的雨刮器进行修理。

　　当轿车的主人返回时，发现有人在全神贯注地帮助自己修理车子，非常地感动。经过交谈，他了解到这位热心帮忙的人正是现代汽车公司的员工，如此敬业的员工他还是第一次遇到。

　　没多长时间，这位员工就把轿车的雨刮器修好了。车主万分感激并一再要付钱来感谢他，却被他婉言谢绝了。这位员工不仅义务为他修好了车子，还一再为自己公司生产的汽车给他造成了不便而抱歉。他的这种敬业精神深深打动了车主，让他对现代汽车公司产生了浓厚的感情，并积极推荐自己的朋友购买现代汽车，成了现代汽车的义务宣传员。

　　韩国现代汽车公司的这名普通员工，对待自己的工作和公司非常有责任感和使命感，而这种责任感和使命感让他时时刻刻为维护现代公司的形象而努力。在他工作时间之外，在他岗位责任之外，能够主动去维护公司的利益。这样的员工，可以想见他在平时的工作中也一定是非常敬业的。

　　他的这种敬业精神，源自于他对现代公司的忠诚，而他冒雨修车的表现，正是他用敬业实践着自己忠诚的真实写照。一个忠诚的员工会时时处处为公司着想，用他的敬业精神维护公司的利益。这样的员工才是忠诚的员工；这样的员工，才是无可挑剔的员工。任何企业，都会渴望拥有这样的员工，也不会吝啬于给这样的员工以相应的回报的。

平凡的岗位、简单重复的工作、微薄的薪水、日复一日的付出……很容易让人失去刚参加工作时那种跃跃欲试的饱满激情和对工作的责任感和使命感。他们会习惯性地产生厌倦，对待工作不再尽职尽责，不再严格要求自己对公司忠诚，变得浮躁而好高骛远。

也许他们认为，只有自己非常喜欢或者是轻松加高薪的工作才值得去热爱，这样的工作才能倾注自己的忠诚和敬业，才能吸引自己付出更多的努力。然而，他们不知道，在一个公司中，虽然工作有分工，岗位有不同，但责任无大小、无轻重。公司的每一位员工都有责任为公司利益着想，有责任维护好公司的利益。而且越是平凡的工作越能考验一个人对待工作的忠诚度和敬业心，于细微处往往更能考察一个人的责任感。

忠诚体现在平时的工作上就是敬业，敬业不是对工作得过且过地应付，而是要从心底里热爱自己的工作，并任劳任怨地为它全力以赴地付出。忠诚于工作和公司并不是用嘴说说就行的，它需要员工用敬业精神来付诸行动。在日常工作中，踏踏实实地敬业就是实践忠诚的最佳途径。

忠诚的人从来不会怀才不遇，他们在任何岗位上都能够兢兢业业地对待工作，用敬业实践着自己的忠诚，体现着自己的价值。是金子总会发光的，忠诚敬业的员工也一定会在竞争激烈的职场上脱颖而出。

忠诚是员工敬业工作的内在动力，只有忠诚于自己公司的员工，才会兢兢业业、尽职尽责，才会精益求精、追求完美；只有忠诚，员工才会把敬业作为自己工作的准绳，才能为企业创造出更大的效益。从这个意义上来讲，忠诚永远是企业生存和发展的精神支柱，是企业的立足之本。对公司忠诚就是要有敬业精神，尽职尽责地工作。

不仅如此，敬业还能够让员工的才华有一个施展的天地，也才有权利享受公司给自己带来的利益。忠诚、敬业的人能从工作中学到比别人更多的经验，而这些经验是他们提升自己能力的宝贵助力。忠诚能够使人敬业，而敬业精神又能够使人更容易成功，这就是忠诚的力量。无论在何时，员工只要忠诚地对待公司，用敬业精神对待自己的工作，那么即使你的能力一般，也能赢得公司的尊重和认可，获得更多的回报。

成功的精髓在于敬业，敬业源自忠诚的召唤，而卓越的成就需要敬业来造就。敬业是实践我们忠诚的方式，也是我们实现成功梦想的重要途径。因此，我们在职场上，需要认认真真地对待自己的工作，忠于自己的工作和公司，用敬业精神实践我们的忠诚，提升自己的个人价值。

◎ 忠于职守，能在平凡中孕育出非凡 ◎

无论我们做什么工作，都应尽职尽责，忠于职守，用心做好每一件工作，就能在平凡之中孕育出伟大。

在职场上，总有一些员工不安于自己的岗位，对待工作挑三拣四，喜欢找那些简单轻松的工作来做，却将那些复杂困难的工作留给别人。他们并不是做不了，而是不愿意去做，这种做法很明显不是工作能力的问题，而是工作态度的问题，说到底这还是对自己的工作忠诚度不高的一种外在表现。

对待任何工作岗位都要做到忠于职守、尽职尽责。在职场中，企业最欣赏的就是那些能用务实的态度来坚守自己的岗位并能脚踏实地对待工作的员工。对于老板来说，这样尽职尽责、忠于职守的员工是一笔最宝贵的财富，是推动企业不断发展壮大的中坚力量，他们愿意给予这些员工更广阔的发展空间和更多的晋升机会。

一个寒风呼啸的傍晚，一身戎装的约克中士正急匆匆地赶路。当他经过一座美丽的公园时，一个神色焦虑的中年人拦住了他的去路："对不起了，先生，请问您是位军人吗？"

约克中士愣了一下，然后他回答道："噢，是的。请问我能够为您做些什么吗？"他以为发生了什么严重的事情，这位中年人才向他寻求帮助。

这个人向他解释说，他一直在等军人路过这座公园。因为，他刚才在公园里游玩时，看到一个小男孩一直在哭，就问他为什么不回家。结果那个小男孩说，他跟一群孩子玩站岗的游戏，他演一位站岗的士兵，没有命令是不能离开岗位的。但是天已经快黑了，公园也要关门了，还是没有人来命令他停止站岗。于是，他就一直在那儿等着。

约克中士不解地问道："天马上就要黑了，还刮着大风，他为什么不直接回家呢？和他一起玩的那些孩子呢？"

那个中年人告诉约克，现在公园里空荡荡的，和他一起玩的那些孩子大概都回家了。他劝说那个孩子回家，但是那个孩子说，站岗是他的责任，他要坚守岗位，没有命令不能回家。中年人这才想起要找一位军人帮忙。

于是，约克中士和这个人一起来到公园，看到了那个坚守岗位的小男孩。约克中士走过去，敬了一个军礼，说道："你好，下士先生，我是约克中士。我现在命令你结束站岗，立刻回家。"

"是，中士先生。"小男孩高兴地说，然后向约克中士敬了一个不太标准的军礼，撒腿就跑了。

约克中士对这位中年人说："他是一个称职的军人，很值得我学习。"

坚守自己的岗位，做好本职工作，是一个人最基本的职业道德，也是最起码的职场标准。无论你是领导还是普通员工，无论你是学富五车的大学教授还是目不识丁的农民；无论你是将军还是士兵，只有尽善尽美地完成本职工作，才算是称职。

这个小男孩的站岗"工作"原本是个游戏而已，甚至可以说是没有什么实际意义的。但他却坚持接到离开命令才肯回家，哪怕和他一起玩这个游戏、命令他站岗的小伙伴把他给忘了。这种坚守岗位、尽职尽责的精神，令人尊敬和感动。试问：假如你是老板，这样的员工你能不喜欢吗？

在企业中，总有一些岗位是大部分人不喜欢去做的，这些岗位要么是脏、累、差的体力劳动，要么是技术含量低的重复性工作，还可能是难度系数太大的"硬骨头"。对这样的工作，很多人都是避之唯恐不及。但工作总要有人来做，因此当这种任务落到一些人头上时，他们就非常不情愿地去应付了事，而不是本着尽职尽责、忠于职守的态度去尽心尽力地完成。

任何一个公司里的工作都是有轻重缓急、简单复杂之分的，假如遇到不喜欢的工作就没有人去做了，那么这个工作怎么才能完成呢？这个时候，如果领导把任务交给了某个员工，那么这项工作就是必须要做的，既然如此，何不忠于职守、尽职尽责地把它做好呢？

无论做什么工作，我们都应该尽职尽责，忠于自己的职守，用心做好每一件工作。要知道，你把忠诚和责任花在什么地方，你就会在哪里看到成绩。尽职尽责、忠于职守，你的行为就会受到上司的赞赏和鼓励，就能在平凡之中孕育出伟大。

有时候老板让你做一些小事，其实是为了锻炼你做大事的能力。让你在苦、累、难的岗位上摸爬滚打，是为了考察你有没有尽职尽责、忠于职守的优秀品质，这才是领导的初衷。那些能够服从工作分配，忠于职守、尽职尽责的员工会给领导留下顾全大局、能吃苦耐劳、扎实用心的印象，从而为自己的升迁之路奠定坚实的基础。

忠诚的员工不会因为工作岗位的不同而采取不同的工作态度，无论困难还是容易，复杂还是简单，他们都会用同样的忠诚和责任感去面对。忠诚决定着员工的工作态度，一个对工作岗位做不到忠于职守，面对困难就退缩的员工如何能得到企业的信任呢？同样，一个只会做简单容易的工作，从来都不敢挑战困难的员工也不可能取得真正的成功。老板怎么可能对这样的员工委以重任呢？

事实上，如果要想在职场上获得发展的机会，就不能急功近利、过于浮躁，要踏踏实实地做好现在的工作，即使是普通平凡的工作也要全心全意付出，忠于自己的工作岗位，在工作中不断积累自己的经验，提升自己的能力，增长自己的学识，为自己以后在职场上的飞跃积蓄力量。

第九章 ／ 心怀感恩
有感恩他人的责任感，出色就没有难度

　　一个人不懂得感恩，就不能产生发自内心的责任感，从而无法很好地完成工作任务。自然也就得不到机遇的垂青，人生将趋于平庸和黯淡。因此，要想成就美好的职场人生，我们需要带着一颗感恩的心去工作，让尽责成为一种自觉。这样我们在快乐工作的同时，能轻松地创造业绩。

◎ 培养感恩心态，充满热情地工作 ◎

　　如果能培养感恩的心态，我们就会乐观地对待每件工作，就可以干出骄人的成绩，超越平凡的自己。

　　感恩是一种生活态度，也是一种工作态度。感恩还是一种珍惜，珍惜目前所拥有的一切，家庭、朋友、工作等，珍惜我们生活道路上的阳光、风雨，珍惜生命带给自己的令人开心或沮丧的各种馈赠和风景。

　　当一个社会懂得感恩时，世界便少了一份纷争，多了一份和谐。当一个人懂得感恩时，他面对生活便少了一份抱怨，多了一份珍惜；面对逆境，就

少了一份浮躁，多了一份沉静；面对工作，便少了一份应付，多了一份敬业；面对责任，便少了一份逃避，多了一份担当。

当我们怀有一颗感恩的心时，会珍惜目前的工作岗位，会把我们的职责看作自己赖以生存和发展的平台，是上天给我们的珍贵恩赐。既然如此，我们还有什么理由不去尽心尽力地完成属于自己的职责，用我们的敬业精神去报答工作所赐予我们的一切呢？

赵振东和赵振华是一对双胞胎兄弟，两个人从同一所大学毕业后就开始找工作。因为经济危机的影响，那一年的就业形势非常紧张，他们学习的专业都不是十分热门，又缺乏工作经验。因此，想找到适合自己的工作非常困难。后来，他们降低了要求，到一家对学历要求不高的工厂去应聘。

这家工厂正在招聘的岗位是只需要付出力气就能胜任的勤杂工，招聘人员问他们愿不愿意干。哥哥赵振东略加思索后决定留下来，因为他认识到这份工作虽然达不到自己的理想，虽然苦了一些、累了一些，但是只要肯干，还是能挣到钱的，这样就能解决自己的温饱问题，也能够补贴一下家庭，给父母减轻一些负担。所以，一定要珍惜这个工作机会。

弟弟赵振华对这份工作却是十分不满的，但是又找不到更好的工作，只好跟哥哥一起留下来了。他留下来纯粹是出于无奈，对这份工作不仅没有感恩之心，还非常反感，因此他工作时就没有什么责任心，上班时得过且过，敷衍了事。

与赵振华正好相反，哥哥赵振东在工作中非常感激老板给了自己这个工作机会。他没有认为大学生就不能干这种体力活，而是完全忘记了自己的学历，把自己当作一名普通的勤杂工，跟那些老员工一起，每天汗流浃背地搬运货物，清理卫生，主动去做那些又脏又累的活儿。

弟弟赵振华很不理解，他问："就这活儿你还干得这么带劲啊！你傻了吧？"赵振东说："这个工作确实不理想，但是毕竟是我们自己选择的，既然做了就把它做好。而且，这份工作可以给我们带来收入，帮助我们减轻家庭的负担，我们应该感谢有这个机会，你没看到现在还有很多人找不到工作吗？"对于哥哥的说法，赵振华嗤之以鼻，仍然我行我素。

赵振东每天在自己的岗位上踏踏实实地工作，他的勤恳和敬业给老板留下了很深刻的印象。半年之后，老板就安排尽职尽责的他给一位高级技工当学徒，想把他培养成一名技工。

赵振东的敬业和勤奋好学使得他很快成为了一名合格的技工，仅仅一年之后，他就完全可以独立操作复杂的机床了，这让带他的师傅非常赞赏。赵振东一如既往地敬业获得了各级领导的普遍认可，在他们的推荐下，老板提拔他做了自己的助理，这时，赵振东才仅仅进入这家工厂 3 年。

而他的弟弟赵振华，因为屡次偷懒被领导发现，在多次警告没有效果之后，被辞退回家，靠着他哥哥的工资糊口，成了整个家庭的累赘。

赵振东之所以取得了成功，在于他有一颗感恩之心，对父母的感恩促使他接受了不理想的工作岗位；对工作机会的感恩激发了他的责任心和敬业精神，他时刻珍惜自己的工作，无论是做勤杂工、技工，还是做老板的助理，他都用敬业来回报这一切。当他这样做了，他也收获了敬业带来的丰厚回报，新的机会和更高的职位自然就向他招手。

而像他弟弟那样，不懂得感恩、不懂得珍惜工作机会的人，是永远也不会明白工作对于人生的重要意义的。他们激发不起自己的责任心，拿不出尽职尽责的敬业精神来对待工作。最终会被职场上竞争的浪潮无情地淘汰，等到失去的时候已经后悔莫及了。有一句话说得好："今天工作不努力，明天努力找工作。"这正是赵振华这类人的真实写照。

人才是企业发展的关键，员工就是企业的核心竞争力，任何一个企业都需要懂得感恩、敬业负责的人才。员工的责任心越强，企业的发展就越快，效益就越高；反之，如果企业的员工不懂得感恩，跟企业离心离德，不懂得要有"在其位，谋其政"的责任感，职业道德缺失，毫无敬业精神，那么这样的企业也许能取得暂时的成绩，但不可能获得持久的发展。因为对于没有责任心的员工来讲，再好的管理制度都是一种摆设，这样的企业再强大也终将崩溃。

对于员工个人来说，如果能培养感恩的心态，我们就会乐观地对待每件工作，即使是在一个不起眼的岗位上，也可以凭借自己的敬业负责，干出骄人的成绩，超越平凡的自己。

因此，在工作过程中，我们要用感恩的心来对待自己的岗位，即便从事的是自己不喜欢的工作，也不能悲观地认为它对你的人生毫无意义。否则你就很难突破消极心态带来的桎梏，做不出卓越的成绩，要成就一番事业的理想也就无从实现，只能作为可望而不可即的梦想了。

在职场上，我们每个人都要怀着一颗感恩之心去珍惜工作，对工作报以极大的热情和敬业精神，全力以赴地去实现自己的岗位职责，用尽职尽责的工作态度和尽善尽美的工作业绩去报答工作所赐予自己的一切。如此，你的工作必然会更愉快，更容易做出成绩，这样还用发愁风雨过后不见彩虹吗？

◎ 感谢竞争对手激发你大显身手 ◎

要学会感激竞争对手，把对手当作督促自己进步的力量，不断提升自己的价值。

每一个职场中人都难免会遇到自己的竞争对手，这样的对手同自己在工作上你追我赶，在利益和荣誉面前你争我抢，时时威胁着自己在职场中的地位。很多人会对对手产生怨恨心理。更有甚者，还会用不光彩的手段在对手背后使绊子、造谣中伤，无所不用其极。

很明显这种做法是不可取的。因为，即使用旁门左道一时领先了对手，也必将不能长久。要保持对竞争对手的优势，最好的办法就是以对手作为激励自己不断进步的手段，在工作中以极强的责任心提升自己的能力和价值，只要自己有真本领在身，就无惧任何竞争。

1860 年，林肯当选总统几个星期之后，决定任命参议员萨蒙·蔡斯为财政部长。当他把这一想法告诉他的团队时，许多人都表示了反对，尤其是大银行家巴恩的反应最为强烈。他认为林肯不应该将此人选入内阁，劝林肯三思而后行。

林肯有些疑惑地问他："大家都知道萨蒙·蔡斯是一个非常优秀的人，你为什么反对他成为政府之中的一员呢？"

结果巴恩告诉林肯，萨蒙·蔡斯是一个非常狂妄自大的家伙，当然他也非常有才能。他热衷于追求最高领导权，一心想入主白宫做总统。尽管这次角逐总统失利，私底下里他仍然认为自己要比林肯伟大得多。

结果，林肯笑着问道："哦，那你还知道有谁认为自己比我要伟大的？"巴恩摇摇头，疑惑地问："这就不知道了，怎么了？"

林肯说："如果你知道还有谁认为自己比我伟大，一定要及时告诉我，因为我想把他们全都收入我的内阁。"

后来，林肯力排众议，任命萨蒙·蔡斯做了财政部长。事实证明，蔡斯是一个非常有能力和才华的人，在部长职位上做得有声有色。但是，对权力的崇拜使他对林肯一直很不满，并时刻准备着把林肯赶下台去，然后取而代之。

《纽约时报》主编亨利·雷蒙特劝说林肯免去蔡斯的职务。没想到林肯却表示自己对蔡斯满怀感激之情，是不可能罢免他的。亨利·雷蒙特对这样的说法难以理解，林肯就讲了这样一个故事：

"雷蒙特，你也是农村人。你应该知道什么是马蝇吧？有一次，我和我兄弟在肯塔基老家犁玉米地，我吆马，他扶犁。这匹马很懒，怎么抽它都慢腾腾地不肯挪窝，但有一段时间它却跑得飞快，连我这双长腿都差点追不上。到了地头，我发现有一只很大的马蝇叮在它身上，我随手就把马蝇打落了。我兄弟问我为什么要打落它。他说：'正是这家伙才使马跑得快的。'"

然后，林肯意味深长地说："现在蔡斯就像叮在我身上的马蝇，我必须时刻提醒自己不能松懈，不断地向前奔跑，尽职尽责地做好自己的工作。否则，我就会被别人所替代！"

林肯之所以能够成为美国历史上最有影响力的总统之一，除了他自身卓越的能力和才干之外，与他重视、感激萨蒙·蔡斯这个有力的竞争者也有很大的关系。正是这个竞争对手咄咄逼人的存在，使得林肯不敢有丝毫的放松，为了不被他搞到下台，林肯只能以更加负责的态度对待工作，更加谨慎地处理政务。从这个角度来说，萨蒙·蔡斯也是为林肯完美地领导美国做出了巨大贡献的。

　　在职场上，人的精力本来就是有限的，这些精力全部用在工作上都不一定能做出好的业绩，如果再将过多的注意力放在如何防范自己的对手身上，那么就会浪费宝贵的时间和精力。面对咄咄逼人的对手，我们应该像睿智的林肯那样，把他们当作自己身上的马蝇，不必去打落他们，而是尽职尽责地做好自己的工作，不断提高自己的能力，让自己跑得更快。

　　从林肯讲述的马蝇促使马儿跑起来这个自然界的现象，我们可以看到职场上的缩影：人们需要竞争对手的"激励"才能不断提高自己。竞争对手是一种挑战，也是一种动力，所以在生活中我们不应该憎恨竞争对手带给自己的压力；相反，我们应该感激他们，因为他们正是激励我们更加尽职尽责地工作、成就完美人生的动力。

　　德国是拥有5个世界级名牌汽车公司的国家。

　　有记者问奔驰的老总："奔驰车为什么会持续进步，风靡全世界呢？"

　　奔驰老总回答说："因为宝马将我们撵得太紧了。"

　　记者转问宝马老总同一个问题，宝马老总回答说："因为奔驰跑得太快了。"

　　德国只有六七千万人，居然拥有5个著名汽车公司，所以它们不得不把竞争的目光从德国转移到全世界。最终，这5家公司都成为世界级名牌。

日本的丰田、本田、松下、索尼也是这样，都在竞争中取得了共同进步。美国的百事可乐诞生以后，可口可乐的销售量不但没有下降，反而大幅度增长，这同样是激烈的竞争迫使它们共同走出美国、走向世界的结果。因此，从某种意义来说，这些世界级的大型企业应该感谢自己的对手。正是因为竞争对手的存在、发展和强大，才促使它们自己不能裹足不前，而只能不断地发展壮大。

而对于职场上的我们来讲，也要学会感激那些激励自己不断进步的竞争对手，把对手当作督促自己进步的力量，不断提升自己的价值。我们在工作中不能少了这些对手，他们可以时刻提醒我们不要放松自己，不要忘记自己的岗位责任，不要懈怠应付自己的工作。

正是这种对手咄咄逼人的激励，才能使我们更好地发挥出潜力，更加尽职尽责地对待工作，不断提升我们的个人价值，使我们在职场上跑得更快，并越来越接近我们预定的目标。

◎ 感谢同事，会得到更多帮助 ◎

我们需要感恩同事，激发自己的责任心，完成自己的工作，为团队贡献一分力量。

有人觉得，同事不过是在公司里见的次数多一点罢了，没什么特别的。自己做出了成绩也是自己努力的结果，跟同事的帮助和配合关系不大。团队的共同发展只需要自己尽职尽责就行了，对同事不必有感激之情。事实真的如此吗？

我们日复一日、年复一年地在职场上打拼的时候，跟同事相处的时间是最多的，从作为职场新人进入团队开始，就不可避免地要跟同事产生联系，不断得到同事们的帮助和指导，工作中互相团结协作，为了一个共同的目标而努力。这种关系放在战场上，我们就是不折不扣的"战友"，同事对自己的影响无疑是巨大的。因此，我们需要感恩同事，激发自己的责任心，完成自己的工作，为团队贡献一分力量。

井深大加入索尼的时候，索尼还只是一个20来人的小企业。老板盛田昭夫将他安排在非常重要的岗位上。要想做好研发工作需要多个部门很多同事的密切配合，但是他不知自己能不能得到他们的协助。

盛田昭夫明白井深大的担心，于是告诉他，公司拥有一个成熟而和谐的团队，尽管大家都是初次接触这个领域，但是只要他能迅速融入这个团队，同事们都会好好配合他的，请他放心好了。

听了盛田昭夫这番话，井深大一下子茅塞顿开："对呀，不是还有20多个员工吗？我怎么光想自己单打独斗呢？我完全应该融入这个集体。只要我虚心向他们求教，对他们的帮助和配合诚恳地说出自己的感激，又有什么困难不能战胜呢？"他决定为了公司和自己的前途跟同事们一起奋斗。

随后，井深大积极行动起来。他首先找到了销售部的同事，虚心地请教公司产品销路不畅的原因。同事告诉他，现在生产的磁带录音机之所以不好销，一是太笨重，二是价钱太贵。所以，他们提出的建议是，新产品最好轻便、价格低廉。井深大非常感激地对他们每一个人都说了一遍："谢谢。"

紧接着，井深大又来到技术部，这里的同事告诉他，目前美国已经开始采用先进的晶体管技术作为生产收音机的核心技术，这种新技术不仅可以极大地降低成本，而且可以让产品非常轻便而且耐用。听到这里，井深大大喜，这不正是销售部同事说的需要解决的问题吗？

同样地，他对每一个同事都真诚地表达了自己的感谢。

接下来在研制新产品的过程中，井深大又和一线生产工人团结起来，精诚合作。井深大对每一位配合他工作的同事都报以真诚的感谢，这使得同事们对他非常认可，大家在工作中也满怀热情，大大提高了工作效率。经过他们的奋战，终于试制成功了日本最早的晶体管收音机。

这一新产品为索尼公司带来了空前的成功，而井深大本人也被任命为索尼公司的副总裁。

在工作中如果把同事的帮助和协作看作理所当然而不懂感恩的话，就不可能建立起和谐融洽的人际关系，也就不可能发挥出整个团队的最大战斗力。自己从同事那里得到了帮助，就应该适当地表达出自己的感恩，在以后的工作中也要"滴水之恩，涌泉相报"。知恩图报是做人的基本道德素养，也是在团队中团结同事、提高整体战斗力的职业要求。

希尔顿连锁酒店创始人康拉德·希尔顿在培养员工的团队合作意识的时候曾经这样说："一群人在一起工作，其效果并不像 1+1=2 那样简单。两人协力的结果，可能 3 倍甚至 5 倍于一个人的力量。相反，如果相互不合作，效果可能是 0。"团队的发展跟我们密切相关，如果我们懂得感恩同事，就能激发自己的责任感，不断提高自己的工作能力。同时，还会赢得同事更加主动的协作和帮助，从而提高团队的整体战斗力，实现团队工作效率的最大化。

然而，在生活中，很多人总是对同事给予的帮助不以为然，把同事的付出看作理所应当的，时过境迁便很快遗忘；有的人虽然得到别人的帮助时心存感激，但却不懂得回报，更不会或者不屑于表达自己的感激。当然，也不乏有人不辨是非，恩将仇报。

身在职场，同事之间要互相理解、互相帮助。对于同事对自己哪怕是很小的帮助，都要由衷地表示感激，对于同事间偶尔的误会和摩擦也不要耿耿于怀。如果能做到这些，我们的工作就会更加和谐，团队的发展也会更加顺利。

◎ 感恩他人，反省自身 ◎

感恩和自省形影不离，懂得感恩的人必然会经常反省自己，寻找和审视自己的缺点和不足，从而扬长避短，不断提高自己。

感恩和自省仿佛一对形影不离的孪生兄弟，懂得感恩的人必然会常存敬畏之心，经常反省自己，寻找和审视自己的缺点和不足，从而不断地扬长避短、提高自己。感他人之恩，责己身之过，不仅仅是做人的基本要求，也是每个人在工作中都需要具备的素质。

每个人都有自己的优点和长处，也有各自的缺点和不足。在工作中，我们往往不能正视自己的缺点和短处，有时候甚至故意回避忽视，这样的做法是不合理的，是不利于我们成长提高的。

我们要想在职场中不断进步，把工作职责之内的每一件工作都做好，就必须经常反省自己，纠正自己的缺点，弥补自己的不足，这样才有能力尽职尽责地完成工作。感他人之恩，责自身之过，这是每一个有责任心的员工对自己的要求，因为只有这样，我们才能逐渐提高自己的各项能力，胜任不同岗位上的工作。

27岁的原一平在职场上经历了多次失败之后，希望进入保险业发展。他怀揣着自己的简历和梦想，走入了明治保险公司的招聘现场。

原一平身高只有 145 厘米，体重只有 50 公斤，这在众多的面试者中显得尤为显眼。一位刚从美国归来的研习推销术的资深专家作为面试官接待了原一平。他只看了原一平一眼，就认定这个瘦小的年轻人不能胜任保险工作。他告诉原一平，公司规定每个员工每个月要完成 10000 日元的业绩，恐怕他难以胜任，请他另谋出路。

原一平不服输的劲头上来了，他再三地强调自己可以胜任这份工作。结果，考官答应了原一平做一名"见习推销员"。

尽管原一平非常努力，但是奔波了 7 个月后，他却连一份保险都没有推销出去。为了省钱，他只好步行去上班，中午也不吃饭，晚上睡在公园的长凳上，像流浪汉一样穷困潦倒。

有一天，原一平遇到了伊藤道海法师。法师指点他："一个人之所以难成大器，最主要的原因在于不能反省自己，不能不断地超越自己。"这番话给了原一平很大的震动，他明白了一个道理：要想成功，先要毫无保留地彻底反省，然后努力改造自己。

此后，原一平除了每日自省，他还连续 6 年举办每月一次的"原一平批评会"，来征求同事、家人和朋友们对于自己的批评和意见，他甚至还花钱请征信所的人调查自己的缺点。对于指出他缺点的人，他都非常诚恳地表示了自己的感激之情，并恳求他们继续指点自己。

在认识到自己的缺点之后，原一平下定决心把它们改掉，就这样一次又一次地不断超越自我。原一平虽然痛苦，但是快速有效地提高了个人能力。

此后，原一平在职场上取得了空前的成功，连续多年成为保险业的推销之王。但是，每次在公共场合讲话，他都强调自己一直对启蒙老师伊藤道海法师和自己的客户深怀感恩之情。他说，伊藤道海法师指点自己从一个失败的职场菜鸟蜕变成职业精英；而自己的客户慷慨地把订单交给自己，是自己的衣食父母。

36岁时，原一平成为美国百万圆桌协会成员，并协助设立了全日本寿险推销员协会，长期担任该协会的会长。后来他还荣获了日本天皇颁赠的"四等旭日小绶勋章"，连当时的日本总理大臣福田赳夫都羡慕不已，他当众慨叹道："身为总理大臣的我，只得过五等旭日小绶勋章。"可以说，原一平在职场和人生中都达到了一个令人瞩目的高度。

一个懂得感恩自省的人，会珍惜周围的一切，善待别人，因为感恩，遇到工作中的困难或人际交往中的不愉快时，他也不会抱怨，不会指责他人的不是，或者推卸责任，而是能从自身找原因，反省自己的错误，不断使自己的能力和素质得到提高，使自己在任何岗位上都能游刃有余。这样的处世态度，既有利于人与人之间关系的和谐，也有利于个人的成长和进步。

要想超越自己目前的成就，提高自己的价值，就不要回避自己的不足、作茧自缚。只有勇于自省，不断反思自己的缺点和短处，感激他人给自己提出的意见，努力改正，才能超越自己，获得更好的发展。原一平的成功源于他的感恩和自省，每一次自省都使他不断地打破自身局限，战胜自己，从而达到新的境界和高度，获得新生。

工作中，一个人要想赢得老板的信任和尊重，就应该怀有感恩之心，勇敢地承担起责任，努力地工作。与此同时，随着自己工作岗位的变化，必然有更多的问题需要解决，这就需要我们时刻自省，不断培养和锻炼自己的能力，改正自己的缺点，使自己逐步胜任不同的岗位责任。

古人说"吾日三省吾身"，我们只有不断反省、认识自己，才能更好地超越自己、完善自己。丑陋的毛毛虫不经历蜕皮的痛苦，就不能化成美丽的蝴蝶。我们要想进步，不再被身上的弱点和缺点所束缚，也要勇于从内心里反省自己，从思想到行动上重塑自己。

在日常生活中，我们往往能够轻易地原谅一个陌生人的过失，非常大度地体谅别人，却经常对自己的老板或同事的无心之失耿耿于怀。对待工作中的暂时困难不是积极反思自己的不足，而是抱怨自己遇到的各种不如意，动辄为自己的失职寻找借口开脱，以致忘记了自己在职场上应该谨守的两大职业素质：感恩和自省。

因为感恩，所以珍惜；因为自省，所以超越。我们一定要用感恩的心态去面对一切，这一切包括我们工作中的顺境和逆境，包括我们的朋友和对手。懂得感恩自省的人，在工作中一定会努力不懈、尽职尽责，只要我们坚持下去，最终我们一定会成长为职场中的精英。

第十章 ／ 借力协作
有取长补短的责任感，协作就没有难度

在职场上打拼，谁也不是单枪匹马的侠客，更不是一个人
在战斗，都需要借助团队的力量，也需要为团队贡献力量。作
为团队的一员，要用心培养自己协同合作的精神，不断弥补自
身的不足，加强自身实力。这样在创造团队业绩的同时，能最
大限度地实现自身的价值。

◎ 不要"凡事自己来"，独行侠是种悲哀 ◎

每个人都不是万能的全才，都很难完全独立完成一项工作，只有互相帮
助配合才能取得成功，单打独斗是行不通的。

团结就是力量，这句话我们从小听到大，从山村角落听到繁华都市，耳
熟能详。但是，我们在工作中，真的完全发挥团队的力量了吗？我们的工作
有没有停留在"独行侠"的"个人英雄主义"时代呢？

现代社会是一个大家庭，世界也成了一个"地球村"，人与人之间的联系
越来越密切，人们的工作越来越需要协调合作，人人都成了一部巨大机器上

的某个部件，在帮助别人的同时也需要别人提供帮助，这已经不是一个单打独斗的时代了。

2005年深秋，酒泉卫星发射中心的朝阳里，中国首位进入太空的航天员杨利伟为41岁的聂海胜和40岁的费俊龙出征送行。"他们会比我飞得更好。"目送两人飞向太空，杨利伟感慨地对记者说。

航天员从整体上讲差异不大，因为都是从空军飞行员中选来的，背景和经历都差不多，有很多共性。当然，每个人都有自己的特点。

费俊龙比较活泼，他是航校教员出身，曾是空军特级飞行员，在处理事情时协调能力很强。聂海胜神五时就是梯队成员，他性格稳重，平时话不多，但做事踏实，有很好的配合精神，一旦认为是正确的决定就会无条件服从。

因为神五只有一名"乘客"，不存在分工和配合问题；神六的飞行则由两人小组完成，所以小组组合要考虑他们的合作问题。飞船上两个人的工作是有分工的，需要默契配合。同时，两个人训练成绩上也要能够互补，并且愿意同对方一起执行任务，费俊龙和聂海胜不约而同地把对方当作了首选。

为了更好地完成任务，聂海胜和费俊龙尽量多地在一起生活、训练。性格、脾气、爱好，对事物的判断、反应、表情，双方都有了解，从表情上就可以知道对方的意思。

这次飞行中，费俊龙和聂海胜分别担任指挥长和操作手。在升空过程中，指挥长根据自己面前的一张操作程序表指挥操作手用手中的操作棒进行操作。因为穿着航天服，两名航天员能通过话筒与地面指挥控制人员直接对话，但两名航天员之间虽近在咫尺却不能直接对话，每一个操作只能用手势交流，因此两名航天员之间的配合默契至关重要。

这次太空飞行，两人配合得非常好，技术操作的可靠性和相互支持性都大大提高了，他们做到了"操作零失误"。可以说，这个小团队取得了一加一大于二的效果。他们二人必将被写入我国航天史的史册。

众人拾柴火焰高，每一个人都不是万能的全才，因为性格、学识、阅历等各方面的限制，人们很难完全独立完成一项工作，特别是一些大的项目，人们只有互相帮助配合才能取得成功，单打独斗是行不通的。

一部好看的电影，除了耀眼的主角，还有默默无闻的配角；除了赫赫有名的导演，还有名不见经传的制作人员。但是，他们都为这部影片的诞生贡献了自己的力量。再有名的导演、再大牌的明星也不能一个人完成一部电影，这就是个人的局限性，这就是团队的力量。

我们经常说的一句话是一个好汉三个帮，一个篱笆三个桩。一个人再怎么了得，他的力量终归是有限的，就连"超人"都是有弱点的。企业要想发展壮大，个人要想进步提高，都需要借助团队的力量，都需要别人的帮助支持。

相信很多人对4年一度的世界杯足球盛宴毫不陌生，对于很多球迷来说，我们不仅希望看到自己喜欢的球星驰骋在绿茵场上为球队建功，更希望看到整个团队淋漓畅快的配合。那些行云流水般的进攻，那些如臂使指的默契配合，带给我们一场场视觉享受。

对于踢进四强的强队来说，球星的作用纵然不可忽视，但整体的团队力量更是不可或缺。足球场上经常出现"意外"，可在这意外之外，似乎也有着某种必然。

世界杯中，只有依靠良好的战术纪律和团队精神取胜的球队才能笑到最后。

对于一个企业来说也是如此，单靠团队中某个才华横溢的员工是不行的，个人的力量终究有限，只有团队的力量才是决定企业发展的因素。个人与团队中的其他同事应该优势互补，强强联合，这样才能发挥出每一个人的优势，使团队发挥出最大的战斗力。同时，个人有了团队的支持会更加如鱼得水，在这个平台上发挥出更大的价值，为整个企业的发展做出更大的贡献。

在职场上，作为一名员工，应该努力为团队贡献自己的力量，同时也应当适当借助同事的帮助来更好地完成工作，努力创造一个良好的工作氛围。不要"凡事自己来"，羞于向同事求助，耻于借助他人的力量。要知道，团结协作不是什么丑事，独行侠千里不留行的做法听起来充满豪气，实际上却是一种悲哀。单打独斗终究难以适应这个社会，独木不成林，只有依靠大家的力量，才能茁壮成长，更好地拥抱蓝天。

◎ 智者融入团队，借力完善自己 ◎

聪明地融入团队，让更多的人帮助自己成功，这是一种智慧，也是提升个人执行力的必然要求。

我们知道，大雁每年都要进行长途跋涉，北雁南飞一般都采用 V 字形或者一字形，这种飞行方式可以使雁群节省能量，更快、更轻松地飞行。不仅如此，雁群还是一个非常完美的团队：它们内部有明确的分工，领头雁负责带队，因为它的体力消耗太大，所以会经常跟其他大雁交换位置；放哨雁在大家休息或者觅食的时候，不食不眠负责警戒安全工作；青壮的大雁则会照顾老幼。科学研究表明，大雁组队飞行的速度要比单独飞行高出 22%。

一个和谐的团队，必然如雁群一样有着一个共同的奋斗目标，并且分工明确、责任明确。每个人都有条不紊地进行自己的工作，每个人都要帮助他人，也可以得到他人的帮助，这样可以扬长避短，使团队力量整体得到优化，从而获得更大的战斗力，这样才能更好、更快地实现团队的目标。

个人的力量是有限的，只有团队力量才是巨大的。一个有着高效执行力的团队整体战斗力是十分强大的。一个优秀的员工，不会只依靠自己的力量傻干蛮干，而是会聪明地融入团队，让更多的人帮助自己成功。这是一种高超的职场智慧，也是提升个人执行力的必然要求。

个人目标和团队目标并不冲突，一个人只有从团队的角度出发考虑问题，才能获得团队与个人的双赢。在工作中，如果我们能够把个人目标和团队目标融合在一起，把个人融入团队，那么这个团队就是战无不胜的。如果我们选择了特立独行，就成了这个团队的不稳定因素，相当于自己队伍里的定时炸弹，这样的人随时会给团队带来不可预料的损失，一个优秀的团队是不允许有这种人存在的。

美国曾经有一位明星棒球队员叫罗德基思，他是职棒大联盟西雅图水手队的球员，由于表现抢眼，一度成为许多球队哄抢的对象。

正因为如此，罗德基思也开出了许多匪夷所思的条件。比如，他要求2000多万美元的年薪；在训练场他要拥有自己专属的棚子；要有供他自由使用的私人飞机，等等。

最后，原本对罗德基思势在必得的纽约大都会队决定放弃。其实，以纽约大都会队的财力来说，是完全能够满足罗德基思的条件的，但是他们仍然放弃了。他们认为，年薪问题倒是其次，但是其他特殊待遇却绝对不能被允许。如果答应了罗德基思的条件，也就等同于默许罗德基思独立于球队之外，这对整个球队是非常不利的。

胜利需要的是一支25个球员密切配合、团结一致的团队，而不是24个球员加1个特殊球员的偶像派组合。

如果我们在工作中不懂得融入团队，不仅会影响团队的工作，也不利于自己的成长。一个人就像一滴水，很容易被干旱征服。一滴水只有把自己融入团队这个大海之中才能够拥有长久的生命力，才能够抵御风险、战胜困难。因此，在工作中，只有把自己的理想融入团队的奋斗目标，才能更快、更好地实现人生价值。

◎ 团结协作，为自己的成功插上翅膀 ◎

曾经有一个问题，说《西游记》里唐僧师徒四人组成的取经团队，有谁可以裁掉？有人说要裁掉唐僧，因为他是团队里唯一不会飞的，不仅走得慢，而且老给团队制造麻烦，不是今天被妖精抓走炖汤，就是明天被美女招亲；也有人说要裁掉孙悟空，这个猴子个性太强，野性难改，与企业文化格格不入；还有人要裁猪八戒，因为他好吃懒做，一心想回高老庄；也有说要裁沙僧的，说他貌似是个吃闲饭的，关键时候指望不上；最后还有人盯上了唐僧的宝马——小白龙，说配车严重超标，最多给唐僧开个奥拓好了。

很明显，这个团队谁都不能裁。如果能裁，作者吴承恩就不会费劲把他们都写上了。为什么呢？在这个取经的团队里，唐僧是一个领导者，他给大家制定战略目标，没有他就根本不存在取经的任务，而且最后是要他交接经书的，所以他是不能裁的；孙悟空是个业务骨干，降妖除魔全靠他，能力出众，没有他，众人恐怕早变成妖怪锅里的菜肴了。所以，他也不能裁。

那么，整天嚷着要散伙的猪八戒要不要裁呢？他饭量那么大，伙食费严重超标。当然也不能裁掉。猪八戒是团队中的润滑剂，可以调和某些矛盾，尽管他喜欢抱怨，但他对任务还是毫不含糊的，该拼命的时候一样操起大铁耙就上。

沙僧就更不能裁了。每个团队都需要踏踏实实干活的人，这种任劳任怨挑担子的员工，任何团队都会嫌少不会嫌多。那么，我们看看多余的编制，白龙马能不能裁？也不能！没了宝马，唐僧谁来驮？因此，这个团队，虽然每个人都有缺点，但是却一个都不能少，缺了谁都难以顺利完成取经任务。

这就是团队的力量。每一个个体都有很严重的缺陷，但是团结在一起就是一个强有力的团队，就是一个战则能胜的团队，就是一步一个胜利的团队。在他们身上，我们看到的绝对是1+1>2的完美执行力。

上海迪士尼主题公园在2011年底动工，预计最早在2014年开放。建成后，它将成为中国第二个、亚洲第三个、世界第六个迪士尼主题公园。

迪士尼公司是一家名副其实的娱乐王国，它牵扯的产业行业众多，包括电影、电视、玩具、消费品、书籍，等等。

迪士尼动画与其他企业不同，它是创意工业的基地。这里融合了从导演到摄影、绘画、剪辑等工作不同却又相互联系的团队成员，所以加强团结和沟通、顺利实现工作目标显得非常重要。

一部优秀的动画片，是这样诞生的：首先，一个良好的创意被领导层讨论通过后，董事会的副主席和经理就会召集动画片制作的总裁开会，在这个会议上把公司各个部门的意见汇总讨论，从而确定最佳方案。

方案确定之后，开始召集另一些人员。这些人员包括导演、艺术指导、幕后指挥等许多一线工作人员。这个会议则是具体讨论动画片的制作和构想，直到拿出一个一致意见。

在这个过程中，领导不会端起架子，摆出高高在上的姿态，而员工也不会为了迎合领导而放弃自己的真实想法，每个人都畅所欲言，真正做到集思广益。因为他们明白，自己是团队的一员，需要团结一心地向着一个共同目标努力。

在迪士尼公司，没有哪个人或者哪个部门可以对一部动画影片宣称拥有所有权。因为依靠独立的部门是完不成的，大家来自不同的部门，在合作中形成相互支持和帮助的协同工作方式。

另外，制片人还会根据不同工作人员的性格特点来组建一个团队，因为性格互补也有利于团队的合作。

迪士尼公司出产的动画片和很多产品都是团队成员团结合作的结果，他们给全世界人民带来了欢乐。

在现代社会，企业要想在市场中占据一定的优势地位，拥有良好的竞争力，打造一个优秀的团队是必不可少的，甚至可以说，优秀的团队能够成就一个企业的辉煌，而一个一盘散沙的团队必将断送企业的前程。每一个员工在工作中都应该跟其他同事优势互补、取长补短、团结协作，从而形成合力，使整个团队以强大的动力向着公司的战略目标前进，实现个人和企业共同发展的良性循环。

在非洲的草原上，如果你看到羚羊在奔逃，那一定是狮子来了；如果你见到狮子在奔逃，那就是象群发怒了；如果你见到象群在逃命，那一定是蚂蚁来了！单个的蚂蚁虽然渺小得很，但是当它们团结起来作为一个集体的时候，它们的力量让整个象群都害怕。职场跟动物世界的某些地方很像，一个优秀的团队可以发挥出不可想象的战斗力，可以创造出令人难以置信的奇迹。

"圆舞曲之王"约翰·施特劳斯，曾经应美国当地有关团体之邀，在波士顿指挥一个拥有两万人参加演出的音乐会。

一个指挥家一次指挥几百人的乐队，就是一件很不容易的事了，何况是两万人！很多人觉得他不可能做到。

到了演出那天，音乐厅里坐满了期待的观众，人们既想欣赏优美的表演，又想看看施特劳斯到底是怎么指挥如此庞大的乐团的。

演出开始，人们发现了这个秘密。原来施特劳斯下面有100名助理指挥，他们紧跟着施特劳斯的指挥棒。这个团队的配合就像一个人，结果表演非常成功。

古人云："人心齐，泰山移。"在职场上，团结发展的时代已然到来。只有团结，才能使我们走得更远，飞得更高。

◎ 学会分享，必然有人为你分担 ◎

如果懂得分享，必然会大受欢迎，做起事情来也就必然顺利很多。

上帝带着一个人去看看地狱是什么样子。他去了一看，地狱里的人围着一个大圆桌，桌上摆着丰盛的食物，但围在桌子旁边的人却一个个愁眉苦脸，一副面黄肌瘦、饥饿难耐的样子。原来每个人手里的勺柄都很长，尽管勺里装满美味的食物，却无法送到自己嘴里。"太可怕了，"这个人说，"我们还是去天堂看看吧。"

没想到，到了天堂，那里的人也是同样地围在摆满食物的圆桌前，手里同样拿着勺柄很长的勺子，但他们却个个欢声笑语，脸上洋溢着幸福的笑容。原来，他们都用自己手上的勺子喂对面的人。因此，每个人都吃得饱饱的。由此可见，懂得分享才能实现共赢。

现代社会，做任何事都需要跟别人打交道。如果总是喜欢以自我为中心，凡事都首先为自己考虑，不懂得分享，就很难得到别人的认可，很难获得同事们的友谊。这样的人，做起事来就步履维艰。如果懂得分享，必然会大受欢迎，做起事情来也就必然顺利很多。

霍世昌是香港圣安娜饼店的创始人之一，为什么是之一呢？就是因为他把这个前途无量的创业计划分享给另外两个人了。

霍世昌创业时只是一个22岁的毛头小伙子，那个时候正在电灯公司做一些有关技术维修方面的工作，他的工作其实跟西饼没有任何关系。但是，这个时候他谈了一个女朋友，这位女朋友上得厅堂进得厨房，喜欢弄些点心、蛋糕之类的食品，霍世昌非常喜欢吃。

一般人吃了也就吃了，但是霍世昌吃完以后还有了一点想法。他想，自己的女朋友只是跟着师傅学习了几天，就做出了这么好吃的东西，那她师傅做出来的不是会更受欢迎吗？因此便萌生开饼店的念头。

于是，霍世昌就找到了这位师傅，跟他说了自己想开饼店的想法。虽然当时西饼业在香港并未呈现出蓬勃势头，但是两个人英雄所见略同，都觉得这是一个"阳光产业"。于是，他们决定开店。但是，当时霍世昌和那位师傅都没有钱，那位师傅有技术，霍世昌有想法，看来还得找一位有钱的才能把店开起来。

于是，霍世昌做了一份包含预算、地点、资金、经营方针等详细内容的可行性计划书，然后找一位朋友商量，跟他分享了这个很值得憧憬的创意。他的朋友看过后，很高兴霍世昌给他送来了一个赚钱的好点子。于是，很爽快地接受了计划书，他们三个便成为合伙人。

后来，他们每年增设一家分店，生意越来越红火了。

如今，当人们问到他是如何发家的时候，他总是笑着回答："我是靠借钱开饼店，靠朋友发财的。"

他山之石，可以攻玉。借助朋友的力量，也是一条获取成功的捷径。然而，如果霍世昌是一个不懂得分享的人，那么他空有这个前景美妙的创意，但是一没技术，二没资金，是无法把想法转化为行动的，再美好的创意也就只能是望梅止渴。但是霍世昌懂得分享，把这个创意分享给懂技术的师傅，分享给有资金的朋友。就这样，他实现了自己的理想，三个人实现了共赢，皆大欢喜。

分享有很多方面的含义。分享的可以是看得见的物质利益，可以是精神方面的荣誉，还可以是思维上的一个创意，甚至是一段个人的经历。这些分享也许对我们来说不算什么，但是对对方可能非常重要，一次不经意的分享，可以为你迎来一份友谊或者一次援手。不论是在生活中还是在工作中，有时候别人一次小小的帮助就可以转动我们命运的车轮，使我们的难题迎刃而解。

人们曾经为世界上哪种植物最结实、最雄伟而争论不休。直到有一天，有人提出了美洲的红杉，争论的声音终于平息下来。红杉的高度一般为 90 米，相当于 30 层楼。

木秀于林，风必摧之。一般来说，越是高大的植物，要想站得更稳，它的根系就必须扎得更深，但是红杉并非如此，它的根很浅，在人们的想象中，只要一阵大风，它就会倒下。

但是，拥有如此高大的树身和极不相称深度的根系的红杉树却无惧风雨，巍然屹立。它们到底是如何做到的呢？

原来，红杉树不是单独生长的。它们只要长，就是一大片，一棵接着一棵，一行连着一行，它们紧紧依靠着，它们的根系彼此纠结在一起。因此，即使是很猛烈的狂风，也无法撼动成千上万棵根部紧密相连的红杉树。

每一棵树的树根力量并不大，但是它们都分享给了其他树，同时也分享了其他树的根系。如此一来，每一次狂风到来，它们都是以一个整体在对抗，这是一股无法战胜的力量，红杉树是自然界孕育的奇迹。

如果我们也能够学会分享，像红杉树一样把自己的力量分给别人，同时也借助于别人的力量，让自己的根更坚固。如果我们可以像红杉树一样，就能够抵御各种风险，解决各种困难，还能依靠团队的力量长成参天大树。

叔本华说："单个的人是软弱无力的，只有同别人在一起，他才能完成许多事业。"如何才能让别人同你一起前进，或者在自己需要帮助的时候施以援手呢？那就要学会分享。

分享是团队团结和信任的纽带，只有与他人共享信息和资源，分享荣誉和机会，才能与他人在团结互助的氛围下实现共赢。多个篱笆多个桩，多个朋友多个帮，现代社会，单个人打拼力量太小，只有懂得分享的人才更容易得到周围同事和朋友的帮助，才能借助众人的力量走向成功。

◎ 取长补短，促进职业生涯的发展 ◎

要想在职场上有所发展，就不要成为团队里最差的人，不然，团队精减人员的时候，一定会先淘汰你。

如果你是一位老板，现在公司财政困难，需要裁员，那么你会裁掉谁？我想，任何老板都会裁掉那些"不中用"的人，那些没实力的人。

在管理学中有一个著名的"木桶理论"，以前的水桶都是用一块块木板箍起来的，决定木桶盛水量多少的不是最长的那块板板，而是最短的那块木板。

这个道理非常简单，对于一只木桶来说，其中的某一块木板或者几块木板再高都没有用，水一漫过了最短的那块木板就会溢出。在一个公司里，肯定也有这样的"短板"员工存在，这样的员工拖了公司的后腿，制约了公司的发展，其处境也是岌岌可危的。因此，要想在职场上有进一步的发展，就不要成为团队里那个最差的人，不然，团队"轻装"的时候，一定会先丢下你。

松下幸之助有日本的"经营之神"之称，他年轻时曾经在一家电器商店当学徒。学徒是不需要什么技术的，他们的工作就是干些杂活。

当时，同时进入这家店里帮工的还有另外两个学徒。开始时，三个人的薪水都很低，薪水少了人们自然就动力不足，因此另两个学徒不再像刚开始时那样勤快上进了，而是工作日渐马虎，消极应付起来。

松下幸之助跟其他两人一样，以前从来没有做过电器方面的工作，对电器是个门外汉，看什么都觉得新奇，但是看什么都不懂。面对着那么多的电子产品，他感到了自己的无知，也感觉到了危机。

为了提高自己，他开始学习电器知识，时间不够用就每天比别人晚下班，用这段客人很少的时间阅读各种电子产品的说明书。他还报名参加了电器修理培训班，他希望自己能成为一个有技术、懂知识的电器行家。

他花了大量的时间来学习电器知识，通过不断地努力，他终于从一个对电器一窍不通的学徒变成了一个专家。当顾客来购买电器的时候，他侃侃而谈，为顾客讲解。有时候他还自己动手修理那些坏掉的电器，或者利用那些坏电器的材料重新设计组装。

这一手让店主非常惊奇，也对他大为赞赏，不久便聘请他做了正式员工，提高了他的薪水待遇，并且将店里的很多事情都放心地交给他处理，这为松下开创自己的事业打下了坚实的基础。

而他的两个同事该休闲休闲，该下班下班，毫无上进心，最终被这家商店解雇了。

在一个企业中，许许多多的员工和部门共同构成了企业这个木桶，如果因为某个人的能力不足，或者执行力不强，或者人际关系问题，导致团队不和睦，影响了企业的整体发展，抵消了其他人的付出和努力，那么这块短板就该拿掉了。

对于一家企业来讲，也许自己的团队已经存在很长时间了，团队里从领导到下属感情非常深厚，即使有些员工不能完全胜任自己的工作，老板也不忍心辞退他，因为他还要养家糊口。这样的情况确实存在，但是这对公司的长远发展绝对是不利的，只有保证一个高效、公平的团队，企业才能发展壮大。企业最终经营不善破产，才是对整个团队最大的伤害。

杰克·韦尔奇说："我不怎么懂造飞机发动机，也不懂得电视行业，但是我知道怎样选拔合适的人到合适的岗位。"

GE（通用电气公司）以几乎令人不可想象的速度持续成长了几十年，创造了企业发展史上的奇迹。全世界的企业家都在探索GE成功的秘密，学习GE前首席执行官杰克·韦尔奇的管理方法。杰克·韦尔奇成为了全世界企业界追捧的对象。

韦尔奇极力提倡在组织中对员工绩效进行坚决区分，主张和坚持实行末位淘汰制。每年，韦尔奇要求领导们必须区分出哪些人是最好的20%，哪些人是中间大头的70%，哪些人属于最差的10%，要求提出这些人的姓名、职位和薪酬待遇，表现最差的员工通常要被淘汰。

新上任的经理第一次确定最差的员工，没什么太大的麻烦。但事情越来越困难，到最后，"简直就成了一场战争"。他们认为，那些明显最差的员工已经离开了这个团队，就不愿把其他人放到C类里去。

他们已经喜欢上了团队里的每一个人，和每一个人都有了感情。到第三年，假如说他们团队有30人的话，对于底部的10%，他们经常左思右想，哪一个都不忍心下手，连一个都确定不出来，更别说3个了。

有些人认为，把员工中底部的10%清除出去是残酷或者野蛮的行径。韦尔奇却不这样认为，他说："事情并非如此，而是恰恰相反。让一个人待在一个他不能成长和进步的环境里才是真正的野蛮行径或者'假慈悲'。先让一个人等着，什么也不说，直到最后出事，实在不行了，不得不说了，这时候才告诉人家：你走吧，这地方不适合你。而此时他的工作选择机会已经很有限了，而且还要供养孩子上学，还要支付大额的住房贷款。这才是真正的残酷。"

短板本身也是有用的，只不过短板会制约企业的发展。因为个体的落后而影响了整体的实力，其他木板都在加长，短板的负面作用就会更加明显，企业要往前走，迟早是要丢掉这个包袱的。

我们的世界之所以多姿多彩，就在于我们每一个个体都有一定的差异性，都是独一无二的。每个人都有自己擅长的方面，也都有自己的弱势和缺点。因此，有些事情我们做起来很拿手、很轻松，有的事情我们却难以胜任。在工作中，我们要尽量做到扬长避短，找到适合自己的岗位，或者在面对一项任务时用自己最擅长的方式去解决。我们不断提高自己，只有每个团队成员都不断得到提高，才能使木桶盛的水越来越多，个人的职业生涯才能有所发展。

◎ 自我充电，不做团队中的"短板" ◎

我们应自觉地学习新知识、掌握新技术，不断提升个人的工作能力，这是对团队的负责，也是对自己的负责。

在职场中，每个人都在努力提高自己，以适应不断变化发展的职场环境，提高自己的竞争力，使自己在职场的激流中站得更稳，使自己在团队中的作用日渐重要。不断学习进步是我们在职场上生存发展的基本技能之一。

在工作中，每一名员工都应当自觉地学习新知识、掌握新技术，不断提升个人的工作能力，让自己更好地面对复杂和困难的局面，解决工作中出现的各种新问题。因为只有不断学习进步，我们才能胜任岗位的新变化和新要求，为企业和团队做出应有的贡献。

卡莉·费奥瑞娜女士是惠普公司前董事长兼首席执行官，她曾说："一个首席执行官成功的最起码的要素就是要不断学习。"她是这样说的，也是这样做的。

卡莉·费奥瑞娜的职业生涯是从秘书工作开始干起的，法律、历史和哲学方面的知识她都曾经学过，但这些并不是卡莉·费奥瑞娜最终成为首席执行官的重要条件。因为做惠普的首席执行官不懂技术是说不过去的，这些都需要通过学习来掌握。

在惠普，并不是只有卡莉·费奥瑞娜自己需要在工作中不断学习，整个惠普都有激励员工学习的机制。惠普的员工每过一段日子就坐在一起作一次相互交流学习，以此来相互了解对方和整个公司的动态，了解业界的新动向。

　　最初，卡莉·费奥瑞娜也做过一些不起眼的工作，可是她无论做什么工作，都严格要求自己不断地学习进步。在这些岗位上，卡莉·费奥瑞娜以最大的热情和责任心在工作中最大限度地学习新的知识和技能。她不断地总结工作中的经验，对于新的环境和层出不穷的变化要不断地学会适应，不断总结过去的工作方法和效率，以便找出更佳的工作方法。卡莉·费奥瑞娜正是通过不断的努力学习，保证了自己紧紧与时代共进的步伐，并在工作中找到了充实自己、不断提升自身才能的方法。

　　卡莉·费奥瑞娜不是学习技术出身，在惠普这样的一家以技术创新领先于世界的公司中，她正是通过自己坚持不断地学习才能迅速有效地提升自我价值，并最终在人才济济的惠普公司脱颖而出，成为"全球第一女首席执行官"的。

　　身为一名员工，在竞争激烈的职场中就如逆水行舟，不进则退。若一名员工不能进步而只能依靠吃老本，不愿意主动替自己"充电"，不断提高自己的价值，那么他随时都有可能被淘汰。所以，不断学习是在对自己负责，只有不断增强自己的竞争优势，善于从解决问题中学到新本领，才能逐渐走向卓越。

　　我们在工作中，每天都会遇到新情况、接受新挑战、面对新事物，只有天天学习，才能天天进步，能力才会不断提升，个人才能不断"增值"。每一个员工都应该把学习作为自己的责任之一，只有不断提高自己的能力，才能为团队、为企业做出更大的贡献，才能创造自己职业生涯的辉煌。

在工作中学习是非常有效地提高个人能力的方式，工作中遇到的所有的难题都可以成为"突破口"。解决问题的过程就是收获知识和技能的过程，慢慢地总结经验教训，工作能力就能得到大幅度的提升。

某企业有一名年轻的博士，对工作非常负责任，也为公司创造了巨大的效益。老板对他非常赏识，第一年就把他提拔为项目组负责人，第二年又提拔他为部门经理。

然而，当上部门经理以后，他似乎就满足于现状了。他想，就这样一直拿着高薪，待到退休似乎也不错。他在部门经理的职位上干了将近一年的时间，却没有一点像样的成绩。朋友善意地提醒他："应该上进一点了，没有业绩是危险的。你看别人都在进步，小心被同事超越了。"

没想到，他竟然说："我是公司里唯一的博士，别人再努力也赶不上我的。"

的确，他的文凭是公司里最高的，但是公司更看重的还是实际能力。别人都在进步，只有他还在原地踏步。又过了半年，公司里很多同事业绩都超过了他，而他毫不在意。终于，他接到了老板降职的通知。

一个人的工作能力是随着不断地努力学习得以提升的，无论现在的你处在什么职位或者哪个职业阶段，都必须坚持学习。即便你原本就有突出的能力，并且做出过出色的业绩，但一旦丧失了责任感和上进心，故步自封、满足现状、不思进取，最后也会被淘汰。

曾经有位记者问李嘉诚："从一个打工青年到拥有如此巨大的商业王国，靠的是什么?"李嘉诚回答他，依靠知识。有位外商也曾经问过李嘉诚："李先生，您成功靠什么？"李嘉诚毫不犹豫地回答："靠学习，不断地学习。"

现代职场上如逆水行舟，不管你现在从事的是哪种行业，如果不能不断地学习进步，就意味着你将丧失续航的能力，意味着你将逐渐被掌握更多新知识和拥有新技能的人所取代。在激烈的职场竞争中，只有不断提升自我的人，才能具有高能力、高素质，才能不断获得并拓展生存空间。

在职场中生存，允许你没有高学历，也允许你在工作之初没有出色的能力，但绝不允许没有责任感，绝不允许在工作中贪图安逸、不思进取。因为学历和经历仅仅代表过去，唯有不断学习进步才能赢得未来。

"活到老，学到老。"这句古训应该被拿来作为自己行走职场的座右铭，只有不断学习进步，掌握新知识、新技能，不断提高自己的职业水平，才能保持自己的竞争优势，保证事业之树常青。

第十一章 ／ 智慧创新
有积极动脑的责任感，创新就没有难度

思考，能使我们的工作从无效走向有效，从有效走向高效，使我们的勤奋与付出不白费。

因此，千万不能拿忙碌作为不思考的借口。越是忙碌，越需要放下手中的事情，安静地思考。善于思考问题，寻求解决问题的方法，就能够有所创新与突破。

◎ 只要肯想，办法肯定有 ◎

很多看似不可能的事情并非一定不可能，只要敢想，积极动脑，没有什么事情是不能实现的。

老板都希望自己的员工是敢想、敢干、充满闯劲的一群人。然而，不少员工却怀着谨慎小心、安于现状的心态，害怕承担责任和失误，不敢相信自己能有所成就，结果一辈子庸庸碌碌。其实，很多看似不可能的事情并非一定不可能，只要敢想，积极地去思考，没有什么事情是不能实现的。

在工作中，一定不要想有什么事情是你不能做的，只要你相信自己可以

就一定可以。困难是每个人在做每件事的时候一定会遇到的东西，总是一直相伴一生。很多人遇到挫折的时候就认定自己过不去那道坎儿，甚至都不尝试着努力看看，他们总是说"我一定不行"、"他都不行，我当然更不可能了"，第一件事就是彻底把自己否定了。事实是不是真的这样呢？包拯说世界上没有破不了的案子，当然也没有解决不了的困难，冷静下来，认真地将问题解开来分析一下，解决的办法马上就会出来。

有一个公司现场招聘员工，面试的人很多，公司主管当场给面试者出了一道题：把梳子卖给和尚，以一周为期，卖得多者将被录用。试题一出立即就有很多人大呼不可能，甚至有人当面骂公司的人，认为他们在耍人，然而这其中也有三位敢想敢做的面试者，他们带着梳子去了寺庙。

一周以后，三个人一起来到公司，主管问第一个面试者卖了多少梳子，他说："1 把。"然后一把鼻涕一把泪地讲了自己卖梳子的经过：寺院里的和尚一听说是去卖梳子的，二话不说拿起棍子就把他打了一顿并且赶出了寺庙，浑身是伤的面试者委屈地坐在庙外，这时候有个脏兮兮的小和尚一边挠头一边走过来，面试者趁机卖了一把梳子给小和尚挠痒痒。第二个面试者卖了 10 把梳子：他去的是一个名山古寺，游客很多，但是风也很大，很多游客的头发被风吹乱了，这时候面试者找到住持，说可以把梳子给游客梳头，成功卖掉 10 把梳子。主管问第三个面试者卖了多少梳子，他回答道："1000 把！"主管大吃一惊，问他怎么卖的。第三个面试者说他到的也是一个久负盛名的宝刹，朝拜者络绎不绝，他找到住持说："香客都是带着一颗虔诚的心而来，宝刹应该有所回赠，住持可以在梳子上写上'积善梳'，回赠给香客。"住持听后大喜，立刻买了 1000 把梳子。

就这样，第三个面试者成功被录用。

有头脑的员工是每个公司都想要的。带着思想工作的人能够在绝望中看到希望，如果摆在他面前的是一幅被毁坏的画轴，他依然能云淡风轻地在画中加入自己的东西，完成一方绝美的风景。成功者绝对不会等到时机成熟、万无一失时再开始工作，只有那些在既定的环境中能从"不可能"中看到希望，并把事情做到极致的人，才有可能获得成功。

1921 年 6 月 2 日，《纽约时报》为纪念电报诞生 25 周年，发表了一篇评论透露了这样一个信息：现在人们每年接收的信息是 25 年前的 25 倍。

在很多读者眼里，这只是一条信息而已，一句很普通的话，很多人看过之后便忘记了。但是，还有一些喜欢思考的人抓住了话中隐藏的极具商业价值的信息。美国至少就有 16 个人对这条信息做出了反应，他们准备创办一份文摘性刊物，他们先后到银行存了 500 美元，并且办好了营业执照。

但是，当他们到邮政部门办理相关手续的时候被告知，由于即将举行的中期选举，文摘性刊物暂时不能办理，而且不知道什么时候能开禁。听到这样的话，15 个人立刻递交了暂缓执行的申请。但是有一个人根本不理会邮政部门说的那些话，他按照计划租了一间地下室，并且和未婚妻一起糊了 2000 个信封，并装上征订单寄了出去，然后，《读者文摘》诞生了。

统计显示，到 20 世纪末，《读者文摘》拥有 19 种文字和 48 个版本，畅销 127 个国家和地区，年收入 5 亿美元，并且在美国期刊排行榜上稳坐第一把交椅。创造这个奇迹的人，名字叫德威特·华莱士。他用实际行动把"不可能"变成了"可能"。

如果员工在工作中都能像华莱士一样换一种角度去看问题，而不是一味消极地去想事情，能够看到事情好的一面，那么不但能提高公司的效益，对自己而言，也是很有意义的思维转变。如果华莱士也像其他人一样认为事情是不可能的，那么我们今天真的就不可能看到著名的《读者文摘》了，他本人也不可能成为著名的企业家。

　　敢于思考、向困难挑战的员工，在这个人才短缺的市场，始终供不应求。敢想才能激发活力。也许有人会说："说起来容易做起来难。"但是成功和冒险是并存的，只有那种把"不可能"变成"可能"的有魄力的人才能实现自己的真正价值。很多成功人士并不一定比你会做，只是他们有敢想敢干的冲劲。

◎ 化繁为简，有效解决问题 ◎

　　把复杂的事情简单化是提高效率的好方法。思维能够简单，事情自然就会简单一些。

　　工作的时候总是有很多问题纠结在一起，不但使人头脑混乱，而且会降低工作效率，影响业绩的提升。所以，要想提高自己的工作效率，得到老板的肯定，精英们一定要懂得把复杂的问题简单化。当同时有两个方案出现的时候，能准确地选择相对简单的那个。

美国威斯门豪斯电器公司董事长唐纳德·伯纳姆在《时间管理》一书中提出：在做每一件事情时，可以问问自己："能不能取消它？能不能把它与别的事情合并起来做？能不能用更简便的方法来取代它？"当企业员工遇到很多问题一起出现的时候，就可以用这三个问题问问自己，不要被复杂事物的表面所蒙蔽。当我们条理清晰地将问题解剖开来，抓住问题的本质，弄清楚我们面对问题所要达到的目的是什么，而现在所遇到的阻碍又是什么。问题明朗化的时候，我们往往会发现它其实只是一个很小、很简单的问题。

小孙是一名保险推销员，但他不想再干这一行了。因为他的工资水平不但是最低的，而且老是因为工作的原因受到客户的辱骂。当他把辞职信交给人事部的时候，人事部主任问他辞职的原因，小孙说自己胜任不了。

人事部主任什么挽留的话都没说，只是给了他一份资料说："这是我们这一区最难搞定的客户，我给你一个星期时间，如果你能成功拿下单子我就让你辞职，并且毫无条件地发放你的全部工资。但是，如果你现在就拒绝我，或者一个星期以后你没做到，那你自己回去收拾东西离开，并且一分钱也拿不到！"

小孙觉得又气又委屈，但是为了几个月的工资，他只好拿起资料走了回去。他认真地研究了那份资料，发现那的确是个难以搞定的客户。于是，他制订了一份很复杂的计划，这份计划甚至包括了对方如果不在家怎么办，对方如果骂人怎么办，甚至他还想好了对方放狗咬他时应该采取的措施。

一直到最后一天，小孙都还是待在家里完善自己的那份计划，其中包含的内容五花八门，估计任何人看了都会头痛。但计划做得再周密，终究还是要行动的。小孙想自己现在只有两个选择：要么直接去找客户谈；要么收拾东西，工资想都不要想。但是那几个月的工资小孙不愿意那么白白地不要了，最后一咬牙，他决定还是去看看，大不了被臭骂一顿，或者被狗咬一口。

事情发展的结果，完全出乎小孙的意料，他假想的每一种情况都没有出现，对方反而是很客气地接待了自己，只是询问了一些必要的问题之后就很爽快地签了合同。小孙糊里糊涂地拿下了自己的第一张单子。回去的时候小孙去找人事部主任，然而不再是辞职了，他要拿回那封辞职信。小孙意识到，以前都是因为自己把简单的事情想得过于复杂，才使自己的工作效率得不到提高，不仅使自己没有完成本职工作，更差点否定了自己。

很多人喜欢把简单的问题复杂化，事实上这无疑是在浪费时间。工作中追求的不是过程，而是结果，老板注重的也只是员工给他带来的最终效益。所以，不管任何情况，提高工作效率，化繁为简的做法总是不会错的。

对老板而言，他要的不是一个有一大堆知识，面对具体问题的时候又不能提出切实可行方案的纸上谈兵式的员工，他们更倾向于一个能把问题简单化并快速有效地解决的人。提高工作效率就是提高公司的效益，每位员工和公司的利益都是密切相关的，没有公司愿意供养一个什么事都不会却大话连篇的人，因为问题得不到解决的时候，那些知识并不能起到作用。很多时候我们觉得问题难以解决，并不是因为缺少信息，往往是因为信息太多，使我们看不到问题的本质，才造成解决不了的困境。

有一家企业，每个月要寄发的订购单，加起来大概超过一万张，光是寄出订购单就花很多时间，也花费很多金钱。尽管如此，在发订购单的过程中还很容易出错，很多供应商收不到，或者是延期了或者是半路丢失了。有时候，补寄了对方还是没有收到，再补寄还收不到。因为没收到订购单，货就没进来。企业想了很多方法都没有解决这个问题，耽误了很多事情，造成了不少经济损失。

后来请了一个专家帮他们解决问题。专家跟他讲，你为什么要用邮寄，而不直接用传真？公司说有的供应厂商不愿买传真机，专家就说十几年前一台传真机十几万，厂商可能心疼这笔钱，现在一台传真机五六千元。如果他还是不买，你就自己掏钱买给他，这笔钱以后从货款中扣回。

这家企业按照专家的方法去做了，很快就不存在这个问题了，每次订购单都能及时被对方接收到。

企业需要效率，那么员工就一定要高效率地工作，因为只有效率才能体现出工作的价值，没有效率的工作就是在浪费时间和浪费生命，而把复杂的事情简单化就是提高效率的最好途径。事情能够简单，就尽量简单一些。

◎ 突破常规思维，你就是赢家 ◎

在工作中经常能遇到意想不到的事情，此时一定要打破常规的思考方式，找到解决问题的最有效的方式。

很多员工都有从小到大形成的某种思维模式，它或根据自己的体验得出，或从课本上学到，或者是别人的经验，总之，很多人都在这样的处世方法中生活。但是，世界在一天一天地变化着，我们应该突破思维定式，不要做了经验的奴隶。

在工作中经常能遇到意想不到的事情，这时候一定要打破常规的思考方式，找到解决问题的最简单、最有效的方式。也许很多人都知道突破思维定式的重要意义，但是就是没有胆量去改变，似乎改变就意味着对以前的否定。事实上，改变过去并不是否定过去，而是使自己更加完善。换一家餐馆吃饭不仅同样能让你吃饱，还能让人尝试更多新鲜的食物。长期地循规蹈矩会使人思想僵化，就像一部生了锈的机器，无法继续向前，跨出那一步，就是为生命增加新的血液。

皮尔·卡丹是著名的服装品牌，然而谁能想到皮尔·卡丹创始人年轻的时候一贫如洗，甚至自己都没有一件像样的时装呢？

在进军巴黎"世界时装之都"前，皮尔·卡丹只是一个小小的学徒。但是他醉心于时装，在当学徒的时候不仅认真做好自己的本职工作，并且虚心向前辈请教，从不满足于现状。他喜欢把学到的知识融进自己对时装的热爱里，年轻人的大胆、对未来的冲劲使他在脑子里迸发出一系列创新的点子。他不断翻新自己服装的花样，很快就小有名气，甚至一些达官贵人家的太太、小姐指名让这个年轻的学徒给她们做衣服。

创建自己独立公司的时候，皮尔·卡丹才 28 岁。在竞争激烈的时装之都，皮尔·卡丹的公司简直可以算是富豪区的贫民窟，除了满脑子的不同于人的思想，皮尔·卡丹几乎一无所有。然而，他天生就是一个喜欢挑战的人，越是不可能的任务越是要做，而且还要做好，他从来不相信有别人能做而自己做不到的事情。皮尔·卡丹大胆的设计风格、独特而价格适中的女性服装，很快就有了一个很大的市场。之后皮尔·卡丹的目光又指向了男性服装，并且也取得了斐然的成绩。

现在，皮尔·卡丹已经是享誉世界的国际大品牌。

从皮尔·卡丹的示例中我们可以看出，一个人的成功并不决定于你的资产是不是足够丰厚，而在于是否会变通，是否墨守成规。如果一个公司的人都是用同样的思考方式去思考问题，那么碰到一个新问题的时候，要让谁去解决？只有一个善于打破常规的人，才能在职场上具有长久的竞争力。

科学家把一只苍蝇和一只蜜蜂分别放进两个透明的玻璃杯中，再将玻璃杯倒扣在桌面上，留出足够飞出的地方。通过观察，科学家发现：蜜蜂会一直迎着太阳的地方飞，于是一直撞在杯底上，而总是横冲直撞的苍蝇却误打误撞地从杯口飞了出去。很多人就像蜜蜂一样，按照固定的思维方式一通瞎撞，最后头破血流。其实头破血流不可怕，可怕的是有些人撞死了都不知道自己是怎么死的！

同样一个问题摆在人们面前，很可能得出的处理方案是大同小异的，这是为什么呢？因为人们大多用相似的思维方式去思考问题，如果有的人思考方法不一样，就认为这人要么是白痴，要么是天才。我们周围的世界，同样表情、不同面孔的人太多了，他们每天过着千篇一律的生活。或许其中的很多人想要改变，但是还是按照原有的思考方式去思索自己如何改变，这样只是在原地踏步，还是做了经验的奴隶，仍然无法冲破自己固有的思维模式。而那些突破思维定式的人，一定是那些敢于创新、标新立异的人，或许他们在短时间内会让身边的人觉得无法接受，但是时间会证明一切，世界也会因他们而改变。

有一家生产牙膏的公司，业绩长期停滞不前。总经理很苦恼，但是想不到解决的办法，所以决定召开员工会议，让大家一起商量解决的办法。

开会的时候总经理让大家积极发言，说出各自的想法，但是仍然没有找到行之有效的办法。这时候，一个年轻的主管站起来发言，但是他的第一句话就让总经理大吃一惊："我有办法，但是您必须另外多加我10万元。"总经理问："为什么？我按时给你工资，让你出主意为什么要另外给你钱？"年轻的主管说："如果这个主意不行您当然不用给我，但是，如果这个建议可行，您就得另外给我钱！"

"你先说说看！"

"将现有的牙膏开口扩大1毫米！"

总经理听完以后立刻开了一张 10 万元的支票给他。在生活中人们总是习惯了牙膏的长度,将开口扩大 1 毫米,对已经成为习惯的人们来说不是什么大事,但是对一个公司来说却能使销量大增。

都说职场如战场,职场上的变通对于每个员工来说都是非常重要的。当今社会讲求的是创新,一个能够打破常规的员工不仅能在工作中实现自己的价值,给公司带来效益,更能挖掘出自己的潜能,激发出斗志和工作积极性,出色地完成自己的任务,让自己在职场中立于不败之地。

◎ 好的创意,能开辟新局面 ◎

能够创新的人懂得变换角度看问题,不会墨守成规,这样的人能够出色地完成任务,成为受老板器重的人。

在公司最受欢迎的永远是那些能够提出新思想、有创新能力的员工。创新是一个企业的灵魂,也是一个员工取得核心竞争地位的重要因素。运用创新思维,才能打造人生奇迹,实现人生价值。

我们总是很羡慕一些发明家、科学家,然而却没有想到谁也不是天生的发明家,很多新科技的发现往往并不是专业人士研究出来的,而是源于一些普通人的突发奇想。我们都是发明家,因为我们都有一个不断创新的头脑。一些人之所以能成功,并不单单因为他比普通人拥有更多的知识,还因为他懂得创新，并抓住了创新的机会。他们敢打破常规，从新的角度去思考问题，追求突破，追求新意。

　　法国著名的化妆品公司——香奈儿公司开始是一个名不见经传的小品牌，没有什么名气。但是有一天一位员工找到老板，并向老板提出了一个看似很荒唐的建议。所以，人们在报纸上看到一则这样的新闻：一个名叫香奈儿的小品牌公司精心挑选了10位丑女，将在周六晚上亮相巴黎大舞台。人们的好奇心立刻被勾了起来，想要看看那10位丑女，更想看看这个公司葫芦里到底卖的什么药。

　　周六晚上，巴黎大舞台果然聚集了很多看热闹的人。当香奈儿公司精心挑选的10位丑女登场的时候，人人都惊呼果然是丑女，个个奇丑无比。这个时候只见香奈儿女士笑容可掬地走进来，她告诉大家请大家给她几分钟展现香奈儿化妆品的功效。几分钟之后，10位丑女再次登场，人们眼里看到的却再也不是丑女了，而是一个个风情万种、各有特色的美女。从此，香奈儿品牌名声大噪。

　　和香奈儿一样，日本东芝电器曾经遇到电扇滞销的难题，很长时间以来销售量都停滞不前，为此公司高层人士想尽办法，但是仍然不能取得很好的效果。这个时候一个员工向公司提了一个建议，那时候的电扇都是黑色的，这个员工提议给电扇着色，让电扇不再是单调的黑色。公司经过商量以后决定采用这个建议，不久以后，电扇市场上开始有了浅蓝色的电扇。滞销的电扇很快销售一空，从此电扇开始有了颜色。

　　一个好的创意能使一个濒死的公司活过来。当一个解决方法不能够解决问题的时候，一种新的角度或者新的思想能在瞬间开辟一条新的路径。如果哥伦布按照以前航海家行进的航线前行，那么他将永远不能发现新大陆。走在别人开辟出来的道路上，我们永远也不可能走出自己的路，只有创新，才能实现自己的价值。创新，直接关系到员工的未来，只有不断创新的员工才能做职场上纵横驰骋的骄子。

创新并不是要你去改变世界，我们不必谁都成为爱因斯坦，只要能够改变我们自己的生活，让我们在生活中更舒服、在工作中更得心应手就行了。很多时候，当人们走进死胡同的时候，只要将目光改变一下方向，就能看到旁边的出口。

美国得克萨斯州有一座年久失修的女神像，政府决定将它推倒。但是将女神像推倒势必会产生大量的废料，而这些既不能烧毁又不能就地掩埋的废料成了政府的心头大患。

这时候有一个叫斯塔克的人出现了，他让政府付给他一笔低于一般劳务费的价格后揽下了这份苦差事。就在人们好奇斯塔克想干什么的时候，只见这个聪明的人将大块的材料分解，然后制成各种各样小的器件，用精美的包装盒包装成小礼品。利用人们对自由女神的崇拜，斯塔克成功地将这些被视为垃圾的废料卖了出去了，并且从中大发横财。

能够将垃圾加以利用，并成功地销售出去，的确是一种创新。只要能适时地转变自己僵硬的思想，每个人都可能成为聪明的斯塔克，挖到自己人生的金子。在工作中我们也应该发挥我们的奇思妙想，从不同的角度去思考问题，找到问题最快、最有效的解决办法，打造人生和职场的奇迹。

一个有创新思维的人，即使你的经验不是最丰富的，技术不是最熟练的，但是因为那个善于创新的大脑，那么在工作中你所创造的价值也是非凡的。能够创新的人也就是懂得变换角度看问题、不会墨守成规的人，这样的人一旦进入一个公司，就像给一潭死水注入了新的生命力，不但能够更出色地完成自己的任务，而且能为公司的大目标做出自己的贡献，成为受老板器重的人。所有的大公司招聘人才时虽然都有自己的侧重点，但是它们都有一个共同点，就是新员工必须能够自主创新，有自己的创意，因为他们觉得创造性地解决问题是一个人智慧的最终体现。

◎ 解放思想，不走寻常路 ◎

条条大路通罗马，在激烈的竞争中怎样让自己脱颖而出呢？答案就是另辟蹊径。

现在的世界因为互联网的普及，频繁掀起热潮，所有的信息都能快速地传播开来。这时候，很多趋势就形成了。要想在职场中拥有绝对的一席之地，就不能盲目地随大流，要有自己的特色，走自己不寻常的路，才能立于不败之地。

当一个员工提出一项比较具有创新意义的建议时，老板不希望看到的是别的员工也和提建议的员工一样执行同样的事情，他更青睐于看到每个职员有自己独特的想法，完成自己的创意。

有一个著名的毛毛虫实验，说的是把许多毛毛虫首尾相连围成一圈放在一个花盆边缘，并在离花盆不远的地方撒满毛毛虫喜欢吃的树叶。于是，毛毛虫开始沿着花盆一个紧接着一个地爬。一小时过去了，毛毛虫还是那样首尾相连地爬着。一天过去了，毛毛虫们还是在那样爬。7天之后，它们不爬了。因为所有的毛毛虫都因为饥饿疲惫而死，死的时候没有一条毛毛虫偏离爬行的轨道，依旧是首尾相连的方式，死在食物旁边。也许不应该用圆形的花盆做实验，因为毛毛虫以为自己一直在前行。但是，即使换成别的形状，真的会有毛毛虫离开队伍，独子找寻食物吗？

　　在工作中，很多人就像毛毛虫链上的一条毛毛虫，每天和其他人干着一样的工作，吃着一样的米饭，喝着一样的白开水。他们对现状不满，但是从不要求改变，因为其他人也是这样生活的。这时候如果有一个人提出一些新鲜的建议，无异于在办公室里鹤立鸡群了。只有把大流摆在一边，把自己的脑子从"都一样"的怪圈里解放出来，自己单独坐下来思考属于自己的路的时候，这个员工才算有了灵魂，才能做出令自己和老板满意的成绩。工作中遇到困难的时候，人们喜欢拿出以前用的方法，像套公式一样生硬地套进去。而世界上没有两个问题是一样的，总是有着或大或小的变化。当问题不能完美解决的时候，有些人还是不敢打破固有的思维方式，不能够推陈出新，找到一条合适的路。

　　小路和所有的办公室小白领一样，领着还算过得去的工资，每天和同事一样吃着千篇一律、令人提不起食欲的快餐，也和同事一起骂快餐店黑心的老板和自己办公室旁边的总经理。但是小路总是无奈地和自己说日子还是要过，班还是要上。

有一天，当办公室所有同事一致拒绝向快餐店订餐的时候，小路突然灵光一闪。她觉得自己完全可以让同事吃到自己想吃的东西，那就是自己做中介人，为每个快餐店拉客户，然后根据客户要求的快餐给快餐店下单子，自己抽取提成，应该是笔不低的收入。实在不行，她就回来上班。于是，她向总经理提出了辞职，买了辆电动车，开始了外卖生活。虽然顶着大太阳送外卖很辛苦，但是一个月下来小路有了近万元的收入，几乎是上班时的两倍。几年以后，小路开了自己的连锁店，当上了老板，而以前在公司上班的人还是在上着同样的班，说着同样的抱怨的话。

如果继续在公司里忍受不好吃的饭和吝啬的老板，小路可能永远只是一个小白领，永远不知道自己其实可以有属于自己的公司，更不能实现自己的人生价值。

条条大路通罗马，尤其是现代社会，变化越来越快，竞争也越来越激烈。怎样使自己不淹没在时代的大潮中呢？那就是另辟蹊径。很多公司都有着铁一样的规章制度，很多人也都严守着这样的铁律，以为一切按照公司制度来就可以相安无事了，然而这样的想法大错特错。没有老板不喜欢充满创意的员工，因为这样才能提高业绩，才能增加公司的效益。

李悌是一个不喜欢按常理出牌的人，他的想法总是让人觉得莫名其妙，甚至是荒诞的。但是，正是他这种不跟风、不随大流的个性，成就了他自己，也成就了宝丽来的中国台湾市场。

开始决定在中国台湾经销宝丽来的时候，李悌作过一番市场调查。当时的台湾地区眼镜市场出售的大多是一些低廉的便宜货，虽然价格不高，但是质量很没保证。李悌就是抓住台湾地区市场的这个特点，定下了一条死规定：任何在台湾地区出售的宝丽来眼镜都不准降价或者打折出售。因为他认定了宝丽来这种真正有偏光、摔不破，又能过滤紫外线的高质量的太阳镜性价比比那些动不动就打折的便宜货高很多。

　　不久，事实证明李悌是正确的，宝丽来成为和劳力士、欧米茄一样的高档品牌。

　　是什么使李悌成功的？就是他那种不跟风、不随大流的性格。所以在实际工作中，我们不能老是跟在别人身后转，适用于别人的方法并不一定适用于自己。即使别人的情况和自己一样，也不一定行。就像一部武功秘籍的修炼，即使有了招式，没有自己的心法，还是不能天下第一。所以，职场中的精英们一定要运用自己的思维，突破自己的局限，创造性地工作和生活，在工作中做出超越以前的业绩。

第十二章 ／ 快速执行
有分秒必争的责任感，效率就没有难度

> 在竞争激烈的职场如何才能脱颖而出？在变幻莫测的商场如何才能抢占先机？只有用超常的速度，以迅雷不及掩耳之势付诸行动才是制胜之道。职场如战场，必须抓住时机，迅速行动，打造速度第一的执行力，才能超越梦想，迎风飞翔。

◎ 快速执行力就是制胜的"武器" ◎

在讲究速度的时代，我们必须强化时间概念，接受任务后要立即行动，快速的执行力就是竞争力。

《多情剑客无情剑》里曾经提到过一把"快剑"：

严格说来，那实在不能算是一柄剑，那只是一条三尺多长的铁片，既没有剑锋，也没有剑锷，甚至连剑柄都没有，只用两片软木钉在上面，就算是剑柄了。

虬髯大汉含笑接着道："依我看来，那也只不过是个小孩子的玩具而已。"

这次李寻欢非但没有笑，反而叹了口气，喃喃道："依我看来，这玩具却危险得很，还是莫要去玩它的好。"阿飞的这把剑，没什么出奇之处，但就是一个特点：快。快到江湖中的许多高手还来不及施展自己的本事就倒在剑下了。

以前，我们常常会说商场如战场，大鱼吃小鱼。但是现在，我们说得最多的是"快鱼吃慢鱼"。企业再大，如果对市场后知后觉、反应迟钝，依然会被那些反应快的小企业吞并。对于职场中的个人来讲也是如此，今天还是高管，但是，如果没有快速的执行能力，那么明天就可能失去饭碗。

陈林大学本科毕业后去了一家房地产公司，做了一名销售部的员工。两年后，公司发展迅速，而他也算得上是老员工了，为此公司任命他做了一个新楼盘的销售部主管。

房地产行业有"金九银十"的说法。每年的 9 月、10 月是售楼的黄金时期，公司非常看重这个机会，在 8 月份就让陈林做好计划，希望他带领整个团队做出不俗的业绩。

但是，陈林接受这个任务后，没有立即着手去做。他想："现在整个地产界都不景气，我急着做出销售方案恐怕也没什么用，还是先等上一段时间，看看其他楼盘的做法再说吧。"有了这样的想法后，陈林的工作就慢了下来，没有理会公司要他迅速做好销售方案并立即动手去做的要求。

当陈林还在慢悠悠地观望时，公司的竞争对手们可没有像他一样老牛拉破车似的工作，而是展开了各种各样的销售方式：有的在当地各大媒体做起了广告；有的给出了让人心动的价格调整；有的免费接送潜在的顾客参观楼盘……总之，当别人都在风风火火地做事时，陈林这里却"这里的黎明静悄悄"。

当其他楼盘都迎来了销售火爆的季节时，陈林才开始准备动手大干一场。可惜这时不管他作怎样的努力，都已经无力回天了。他负责的楼盘销售情况惨不忍睹，他也因执行不力而接到了公司的解聘书。

毫无疑问，作为公司的一员，应该在得到领导的指示后迅速去做，就像高速行驶的汽车一样开动马达，奔向目标。唯有如此，公司的决策才能得到有效的贯彻执行。如果办事拖拖拉拉，就很可能影响公司战略的实现，给整个团队的发展带来不利影响。陈林作为一名主管，他并没有领悟到执行要快，给公司带来了损失，也为自己的职业生涯蒙上了一层阴影。

工作不是游山玩水，职场人员也不是魏晋名士，可以随性而为，想怎么干就怎么干。兴致上来了，哪怕有十万火急的事情也要停下来饮酒、赏花，这样的执行速度是靠不住的，任何公司有这样的员工都是一种不幸。

如今的社会环境，不论职场还是市场，信息流通都非常快，资讯通过各种方式传播，电话、互联网让这个大世界变成了一个小小的地球村。上午的新消息，到了下午可能就已经过时了，公司制订的战略规划如果不能快速有效地执行，稍微拖延，可能就已经成为不合时宜的产物。

很多时候，快那么一点点就足够了。就像短跑运动一样，哪怕只差了0.01秒，那也是天壤之别，快者成为令人瞩目的焦点，而慢者则只能黯淡离场。

加拿大通过了将枫叶旗定为国旗的决议。仅仅在议会通过的第三天，日本生产的枫叶小国旗和玩具就出现在加拿大市场，销售异常火爆，而加拿大的厂商却坐失良机。他们不得不感叹：日本人，下手真快！

在职场上也是如此，职场如同江湖，看似风平浪静，实则暗流涌动，凶险匿于其中，高手如快剑，以快制胜。在这个"快鱼吃慢鱼"的时代，我们必须打造快速有效的执行力，强化时间观念，牢固树立效率意识，领导交代的事情要立即行动，把职场当作战场，把工作当成战斗，快速的执行力就是我们占领制高点的"超级武器"。

"一万年太久，只争朝夕。"《孙子兵法·军争篇》说："疾如风，其徐如林，侵略如火。"让我们在工作中放弃拖沓懒散的作风，做一条拥有完美执行力的"快鱼"吧。

◎ 要干成事情，不限定时间不行 ◎

惜时、守时，对时间有效控制，这样的人容易得到信赖，容易赢得更多的成功机会。

惜时、守时是中华民族的传统美德，也是一个人的基本道德品质，更是员工在职场上立足的最基本的职业素养。那么，何为惜时、守时呢？即对时间惜之、珍之，严守约定，按时上班、按时赴约、按时参加会议等，不拖拉，不找借口，惜时、守时是对工作尽职尽责的一个基本要求。

然而，很多人在工作中做不到惜时、守时。他们经常挂在嘴上的是各种各样的借口："不好意思，路上堵车了，我迟到了"、"今天睡过头了"、"我记错时间了"，等等。对工作不守时既是对他人的不尊重，也是对自己的工作不负责任，要成就一项事业或者在职场上出人头地，做不到惜时、守时是不行的。

托马斯·威廉是一家公司的业务员，他打电话给客户康纳德先生，约好第二天上午10点钟前去拜访，康纳德先生欣然答应了。第二天早上，威廉按照他预计的时间乘车前往康纳德先生的公司，这家公司在离城市郊区的一个小镇上，城市和小镇中间隔了一条河，威廉只能乘车到河边，然后步行去小镇。

来到河边时，一个好心的路人告诉威廉，他不能再往前走了，因为河面上那座桥前一天晚上坏了，很危险。威廉下了车，看了看桥，中间的确已经断开了一大截，人是过不去的。"附近还有别的桥吗？"威廉焦急地问。

路人回答说："有，不过在河的上游，离这里3.5公里远。如果你现在赶过去的话，还需要40分钟的时间。"

威廉看了一眼表，已经9：30了。他计算了一下，如果现在去走上游那座桥的话，那么再到康纳德先生的公司就迟到了，怎么办呢？威廉环视了一下四周，看到一个伐木工人，他想到了一个办法，就是用圆木搭在桥上走过去。于是，他跟那位工人商量高价租赁他几根木头搭桥，过了桥之后就还给他。很快，伐木工人就把几根木头架在了桥上。威廉谢过伐木工人后，平安地过了桥，一路飞奔，终于在10点之前赶到了康纳德先生的公司。

由于某些原因，他们的生意当时并没有谈成，威廉也没有对康纳德先生提起自己为了按时赴约而租木头过河的经过。但是后来，康纳德先生无意中听人讲了此事，于是他主动打电话给威廉："在我看来，对工作守时的人是非常值得信赖的，我愿意和您合作。您还有兴趣吗？"

就这样，康纳德先生成了托马斯·威廉的忠实客户。

优秀的员工之所以优秀，就归功于他们在工作上的守时，对时间的有效控制，从而变成了时间的主人。这样的人，很容易得到别人的好感和信赖，容易赢得更多的成功机会。现实生活中，很多成功的人都把严守时间当作工作的座右铭。他们认为，要干成一件事，没有严格的时间观念不行，为自己的不惜时、不守时找借口的人是不负责任的，当然也是不可信赖的。

惜时、守时是有责任心的表现，为自己的不守时找借口，是很拙劣、很不负责任的行为，这种人很快就会失去同事或者合作伙伴的信赖，因为没有谁会愿意跟一个浪费自己时间的人打交道。这种没有责任心的人，办事不能让人放心，老板不会喜欢，客户不会喜欢，同事也不会喜欢的。试问，这种人在职场上怎么可能取得大的成就呢？

很多人上班迟到，"不好意思，路上堵车了"成为了那些不守时员工说得最多的话，因为在他们的意识里迟到一两次没事，将时间观念置诸脑后。诚然，谁也不能保证预料之外的情况发生，但是不能为迟到寻找借口，不能为失职寻找理由。老板允许偶尔的特殊情况发生，但是他们不能容忍员工为自己找借口。这是对自己工作的不负责，这是在推卸自己本该承担的责任。如果给老板留下这样的印象，那就很难获得老板的认可和信任了。

成功学大师卡耐内基曾说过："如果你想结交好朋友、成为有影响力的人，就要做到准时。"的确如此，在工作上惜时、守时的人总是容易取得老板、顾客以及同事等每一个人的好感和信赖。

在职场上奔波的人，要做到惜时、守时并不是非常困难的事情，其实只要加强一点责任心就够了。不要再为自己的不守时寻找蹩脚的借口，要对自己负责、对工作负责，做到惜时、守时，做个有担当的人。如此才能立足于现今这个充满激烈竞争的社会，做一个合格且成功的职业人。

◎ 拖延是高效执行的最大敌人 ◎

执行中的任何"慢一点"，往往会使结果出现十万八千里的差别。

有的人在工作中不够积极主动，对于工作总是不够热情，不够快，他们属于"慢热型"甚至是"不热型"。惰性是任何人都有的，但它却是消极的，是专门来拖后腿的。惰性会使人们在工作中拖延，而拖延则是高效执行的最大敌人。

在行动中拖延到底能带来多么严重的后果？也许有的人会不以为然，战斗中的拖延可能会死人，但是工作中拖延一下顶多就是完成得慢一点呗，还能怎么样？其实执行中的任何"慢一点"，往往会使结果出现十万八千里的差别。

政府法规政策的施行如果被拖延，那么可能会对社会产生颠覆性的危害；公司的战略被拖延，那么可能会使公司在市场中处于不利地位；个人的工作目标被拖延，可能会使自己失去宝贵的机遇，与成功擦肩而过。

德国有一家电视台高额悬赏征集"十秒钟惊险镜头"，许多新闻工作者对此趋之若鹜，征集活动一时成为人们关注的焦点。在诸多参赛作品中，一个关于扳道工的故事短片以绝对优势夺得了冠军。

几个星期以后，获奖作品在电视的强档栏目中播出，冠军短片播出的那天晚上，大部分人都坐在电视前边观看了这组镜头。对于这个作品，人们最初只是好奇地期待着。但是 10 秒钟之后，每一个人的眼睛里都饱含着泪水，甚至可以毫不夸张地说，德国在那 10 秒钟的镜头之后足足肃静了 10 分钟。

镜头是这样的：在一个火车站，一个扳道工正走向自己的岗位，准备去为一列正在驶来的火车扳动道岔。这时在铁轨的另一头，还有一列火车从相对的方向驶进车站。假如他不及时扳岔，两列火车必定相撞，会造成重大事故。

就在这时，他无意中回过头一看，却发现自己的儿子正在铁轨的一端玩耍，而那列开始进站的火车就行驶在这条铁轨上。是抢救儿子，还是扳动道轨避免一场灾难？他可以选择的时间太短太短了，甚至，哪怕他再迟疑一秒钟，就既救不了儿子也挽不回事故了。

那一刻，他毫不犹疑地、语气非常威严地朝儿子喊了声："卧倒！"同时，迅速冲过去扳动了道岔。

就这一眨眼的工夫，这列火车进入了预定的轨道，同时，另一条铁轨上的那列火车也呼啸而过。车上的旅客丝毫不知道，他们的生命曾经千钧一发；他们也丝毫不知道，一个小生命正卧倒在铁轨中间。火车轰鸣着驶过，这段时间对于扳道工来说却显得无比漫长，但是，孩子却丝毫未伤，因为他迅速且忠实地执行了父亲的命令，老老实实地卧倒在那里。这一幕刚好被一个从此经过的年轻记者摄入镜头中。

人们看了短片之后纷纷猜测，那个扳道工一定是一个非常优秀的人。后来，通过记者的采访，人们才知道那个扳道工只是一个普普通通的人，他唯一的优点就是忠于职守，在工作的时候从来没有拖延过一秒钟。但最让人吃惊的不是这个，更让人意想不到的是，他的儿子竟然是一个弱智儿童。

他曾一遍一遍地告诉儿子说："你长大后能干的工作太少了，你必须得有一样是出色的。"儿子听不懂父亲的话，依然傻乎乎的，但在生命攸关的那一秒钟，他却立刻执行了父亲的命令"卧倒"了——这就是他在跟父亲玩打仗游戏时，唯一听得懂并做得出的动作。

这位父亲，如果当时拖延一秒钟扳动道岔，就会造成无法挽回的悲剧。但是他没有失职，所以火车上的乘客安然无恙，浑然不觉已经在鬼门关打了一个转。如果扳道工的弱智儿子拖延了哪怕一秒钟执行他父亲的命令，那么扳道工也会痛苦终生。但是这对父子在极度危险的时候，都表现了可贵的执行力：没有拖延，从而避免了悲剧的发生。

拖延是高效执行的最大敌人，拖延总是在无声无息地降低我们的工作效率，束缚我们的执行力，悄悄夺走我们成功的机遇，最终会偷走我们的宝贵年华，使我们碌碌无为，终生悔恨。

贝尔纳是一位法国剧作家。当地一家报纸曾经刊登过一个有趣的有奖问答，获奖者将有丰厚的奖品回报，问题是："如果法国最大的博物馆卢浮宫失火了，当时只允许抢救出一幅画，你会抢救哪一幅？"

据说，这家报纸收到了数以万计的答案，人们回答出自己的选择，有的甚至写出几万字的论文，来论证自己的做法是正确的。有的阐明为什么自己会选梵·高的《向日葵》而不是达·芬奇的《岩间圣母》，或者为什么抢救达·芬奇的《蒙娜丽莎》而不是米勒的《晚钟》。众人相持不下，谁也不服谁。贝尔纳的回答是：他会选择离出口最近的那幅抢救。

　　结果，贝尔纳得到了奖品。

　　很显然，离出口最近的就是能够最快抢救到的，也是最容易成功的。如果去找别的画，拖延了时间，等你找到那幅美丽的《蒙娜丽莎》的时候，恐怕已经看不到她神秘的微笑了，你面对的只能是一副烧焦的面容。拖延，会使所有的珍品化为灰烬，没有速度，一切都将回到零点。

　　拖延是高效执行的最大敌人，本来 10 分钟能够自己解决的问题，非要拖上一个小时寻找帮助；本来一个小时能完成的工作，非要拖延一个上午。这样的执行力，注定你永远落在工作的后边，永远只能追逐成功的背影。

　　在工作中我们应该树立速度第一的思想，有速度才能有效率，有速度才有执行力。落在任务的后边，你永远只是一个失败的追逐者。要想做好工作，就必须有速度，打败拖延这个执行力的最大敌人，如此才能在职场上出人头地，成为一个成功的领跑者。

◎ 快一步则处处是路，慢一步则万劫不复 ◎

快一步则海阔天空，慢一步则万劫不复。如果想要生存发展，唯一的办法就是让自己变得更快。

我们知道在辽阔的非洲草原上，猎豹要捕获羚羊，最重要的是它必须具有比羚羊更快的速度。如果速度不够快，它便无法捕获猎物，就会被饿死，就无法在草原上生存。对于羚羊来讲，它必须比猎豹更快，不然就有生命危险。那些被捕获的，都是羚羊群里跑得慢的。

在现代商业社会，竞争更趋激烈，在经济繁荣的商场表象下，是惨烈的生存与死亡的界线。快一步则海阔天空，慢一步则万劫不复。如果想要生存发展，唯一的办法就是让自己变得更快，就像在百米跑道上，快一步就是冠军。

李志是一家保险公司的推销员。当初踏入这一行业时，家人无不极力反对，认为这一行很难做出什么像样的成绩，而他则以实际行动证明自己的选择是正确的。

当时，一般的保险公司推销员，一天只访问 20 位到 30 位客户，而李志最多的时候每天能拜访 100 位客户。他每天起床起得很早，当天空还亮着几颗稀疏的晨星的时候，他就已经到了公司，开始做好一天的工作计划，以非常积极主动的工作激情找到最佳的拜访路线。等到 7 点出头，他就开始出门拜访客户。

李志往往 8 点钟不到就来到负责区域，展开例行的访问活动，而其他同事这时可能才刚刚起床呢！他每天拜访客户之后，就回到办公室总结记录当天的工作情况，反思自己哪里做得不够好，一直到晚上 10 点才回家。

这样，作为一个新手，在月底结算的时候，他的成绩竟然是排在前几名的，甚至超过了很多老员工，这让主管对他刮目相看。主管私下里曾经问李志是不是有什么"秘密武器"或者隐形资源优势。李志就实话告诉他，自己不过是行动的时候比别人快一点而已。当别人还在睡觉的时候，自己已经来到公司做计划了；当别人做计划的时候，自己已经开始拜访客户了；当别人第一次叩开客户的门时，自己已经回访过一次了……自己只是比他们快一步罢了。

李志就是靠着这样的快一步的积极主动的工作方式，迅速在这个行业里站稳了脚跟，成了公司里的骨干人员。仅仅过去一年，他就成了一个非常大的区域的销售主管，公司里的同事都钦佩地称他为"销售神童"。

李志既无专业知识又无销售经验，在此之前完全是这个行业的门外汉，没有任何的资源优势。但是他却做出了不俗的业绩，获得了很大的进步和成功，究其原因，就是因为他积极主动的工作方式使他总能快人一步。一个"快"字，背后隐藏的是他的责任心、主动性、勤奋和努力，靠着这些，他拥有了快一步的执行力，赢得了更广阔的发展空间。

生命是有限的，如果我们在工作中安于现状，对时间不够珍惜，对工作不够积极主动，那么宝贵的"现在"转眼就会成为明日黄花。成功的机会转瞬即逝，如果我们不能快一步，就只能徒劳地跟在它的后面追逐，慢一点都触摸不到它轻飘飘的衣角。

日本的"销售之神"原一平认为："对推销员来说，一天的起步是很重要的。如果带着愉快的心情出发，则终日都能顺利成事。反之，慢吞吞地离开公司，又转往咖啡厅磨蹭半天，一切就会完全改观。"愉快的心情讲的就是要有积极主动的心态，不磨蹭则说明了执行力要速度第一，这也是原一平本人成功的秘诀。

人在旅途，每个人都渴望快点接近自己的目标。

有一天，古希腊作家伊索在郊外散步，就遇到这样一个人。

那人在伊索背后问道："先生！打搅你，从这儿到城里要走多久？"

"你往前走！"伊索头也不回地说。

问路者有点迷惑，心想自己可能没有说清楚，于是，他又问了一次。没想到伊索仍然说："你往前走！"

问路者加快脚步走到伊索跟前说："先生，我在问你正经事，你怎么总开玩笑，答非所问呢？我在问你要用多长时间，没有问你往哪个方向走啊！"

"朋友，我没有和你开玩笑。"伊索认真地说，"我没看到你步行的速度，怎么能回答你所需要的时间呢？"

那人闻听此言，便迈着大步向前走去。伊索在后面高声说道："朋友！照这速度，太阳落山时你就能走到。"

我们在工作中，也会这样期盼着成功在明天就能实现。成功何时能够实现，这个答案其实就在我们自己的手中。一个人何时能够接近目标，那要看我们前进的步子有多快。如果我们像蜗牛一样，恐怕等到年华耗尽的时候，都看不到成功的日出。如果我们能快一些，再快一些，也许成功就在下一个转角处等待着我们。

在我们身边有许多人，他们每天都是在固定的时间内上班、下班、领薪水，等着老板交代任务，从来不会积极主动地工作，不会在工作中快一步。他们也憧憬成功的荣耀，他们也抱怨不温不火的现状，但是在憧憬与抱怨过后，他们仍然不去改变自己的工作模式，照样是在固定的时间上班、下班，面对工作依然是做一天和尚撞一天钟，不去积极主动地加快自己的步伐。他们的工作没有激情也没有惊喜，成功是不会垂青这种混日子的人的。

任何一个人，如果想要在职场中闯出一片天地，都应该养成积极主动、快一步的执行方式。成功也是有保鲜期、有效期的，如果我们不够快，那么本来等待我们的成功就会在某个角落里发霉。等到我们慢腾腾地找到它时，恐怕它已经腐烂变坏，成为我们避之唯恐不及的"失败"了。

◎ 执行快一点，成功就近一步 ◎

工作过程中，执行如果能快一点，成功就能近一步。

《北齐书·文宣帝纪》中讲了这么一个小故事：

北朝人高欢担任东魏的丞相的时候，为了测试几个儿子的智商高不高，就给他们出了一个题目：分开一堆乱麻。

大儿子一根根地往外抽，结果却越抽越乱，气急败坏。小儿子比大儿子聪明了一些，他把一大堆分成了两小堆，不过等到分开的时候已经过去半天了。只有高洋拔出快刀，几下就把乱麻斩断，顺利分开。高欢对他十分满意。

这个问题告诉我们，解决问题一定要快，很多事情的处理需要争分夺秒，快刀斩乱麻，容不得半点拖延。就像洪水来临时，大堤决口，人们往往在这千钧一发的时候用肉体堵住决口，以赢得时间。如果像平时一样慢条斯理地去找沙包、木桩，恐怕等找来的时候情况就已经无法收拾了。

在工作中，快刀斩乱麻地解决问题，在很大程度上能提高自己的工作效率，防止一些衍生问题的出现。打个比方说，在盖房子的时候，如果发现地基打得不牢，就要立刻加固或者返工，绝不能拖延。否则等房子越盖越高就会出现更多、更大的问题，有使整个工程毁于一旦的危险。到那时再要解决这个问题，就麻烦了。

威尔福莱特·康的前半生奋斗了 40 年，成为全世界织布业的巨头，平时工作之忙可想而知。他也曾想发展一下自己的业余爱好，但又总是认为自己的工作太忙，抽不出更多的时间。随着自己一天天变老，时间慢慢地逝去，他开始懊恼，最后终于下定决心在自己的兴趣——画画上发展一下。"无论作多大的牺牲，每天一定抽一个小时来画画。"他不想让自己除了挣钱外什么也不会。

但是自己的工作这么忙，事务那么纷繁复杂，如何保证这一小时不受到干扰呢？他意识到只有快速地把工作处理好，才能挤出时间来作画。他为了能在一种清静的环境下画画，把顶楼改为画室，而且他总是在清晨 4 点左右就起床，一直画到吃早饭。

他说："过去我很想画画，但是我从未学过油画，我也不敢相信自己花了力气会有很大的收获。可我最后还是决定了，无论作多大牺牲，我总积极地把每一天的工作努力、快速地完成，然后把多余的时间用来画画，并争取晚上能提早休息，用来换取第二天早上的早起。总之，我就是用速度来换取时间。"

几年过去了，他压缩时间所积累起来的成果令人吃惊：他的油画在画展上大量出现，其中有几百幅以高价被买走。他还多次举办个人画展。他把卖画的全部收入设立奖学金，奖励那些优秀的学子。

威尔福莱特·康用速度换时间、快刀斩乱麻地处理工作和兴趣之间的矛盾，不仅获得了事业上的巨大收获，而且使个人的兴趣得到良好的发展。这个例子告诉了我们，养成一种积极的习惯，迅速有效地处理工作上的问题就能使我们获得更多的时间和成功的机会。

　　哲学家费尔德曾经精辟地说："成功与失败的分水岭可以用这么五个字来表达——我没有时间。"鲁迅先生曾经说过："时间就像海绵里的水，只要去挤，总还是有的。"一个人即使工作再忙，也还是能挤出时间来做自己想做的事，只要你迅速有效地把工作做完，你就能挤出一些时间。快，就是为自己争取更多时间的工具。

　　行动过程中，行动的速度不一样，结果也千差万别。比如我们从北京到广州，相同的路程，但乘坐的交通工具不一样，到达时间一定也不一样。坐火车需要一天一夜，坐飞机却只需两三个小时。快刀斩乱麻的工作方式能够为我们赢得一些时间，哪怕有时候这些时间很少。我们也千万不要小觑了这点滴的时间，它们汇集到一起将是一笔巨大的财富，会结出异常甘甜的果实，会带来意想不到的机会。

　　很多时候，平庸和卓越之间的界限不像人们想象的那么大，有时不过是一个小小的优势，就能助你登上成功的顶峰，就能完成质的飞跃。但是，这一点点的差距，却是平时一点一滴积累起来的。执行之中快一点，成功就能近一步。

　　弗尼吉亚的戈迪亚斯王在其牛车上系了一个复杂的绳结，并宣告谁能解开它，谁就会成为亚细亚王。这就是号称着"谁能够解开，谁就能征服世界"的戈迪亚斯之结。

　　自此以后，每年都有很多人来看戈迪亚斯打的结。各国的武士和王子都来试解这个结，可总是连绳头都找不到，他们甚至不知从何处下手。

　　相传马其顿亚历山大大帝侵入波斯领地阿拉伯半岛，占领了格尔迪奥恩。

当他到达弗尼吉亚城的朱庇特神庙时，看到了戈迪亚斯绳结，像其他人一样，他也解不开。

当时，他考虑了一下，就果断地从腰间解下佩剑，挥剑砍断了绳结，绳结终于从战车上掉了下来。后来，亚历山大率军入侵小亚细亚，一举占领了比希腊面积大 50 倍的波斯帝国，成为西方世界的主宰。

亚历山大大帝解开绳结的方法就是快刀斩乱麻，这看似藐视了规则，不按常理出牌，但却是最快、最有效的办法。就是用同样的办法，亚历山大大帝用短短的时间建立了不朽的基业，成为历史上赫赫有名的人物。

面对工作中纷繁复杂的情况，我们往往陷入迷宫走不出来，一天天早起晚睡却效率低下，手头上永远是干不完的活儿。这种按部就班的工作方式是不行的，这样会把我们的时间慢慢地耗尽，使我们一生碌碌无为。在工作中我们一定要极富激情，处理工作一定要快速有效，要有快刀斩乱麻的魄力和效率。只有这样，我们才是真正利用了时间，成为掌控工作的主人。也只有这样，我们才能赢得更多的时间，从而为不期而至的机会做好准备。

第十三章 ／ 执行到位
有不折不扣的责任感，成功就没有难度

责任重在落实，任何远大的理想、完善的规划，都需要切实贯彻执行才能变为现实。如果执行不到位，就不如不执行。花费了时间精力却没有效果，就是对人力资源的浪费。任何工作，只要做了就要做到位。执行处处到位，就会使自己处于有利地位。

◎ 把口号变成业绩，离不开执行 ◎

要切实把工作做好，就不要空喊口号，关键在于执行。

我们经常看到，不论是在繁忙的马路上还是在工厂的车间里，办公室的墙壁上，到处张贴着各种各样的口号标语。喊口号确实有提振精神、明确目标的作用，但是这些口号往往不能落到实处，很多口号成了听起来不错的"表面工程"，缺乏执行，喊过去就烟消云散了。

口号表达的内容或者期望都是美好的，不会有哪个企业喊出希望自己破产的口号，都希望员工能按照美好的口号去做事。但是，在喊好口号、做好

宣传工作的同时，更重要的是要执行到位。无论是多么科学的决策、多么宏伟的战略、多么美好的设想，如果只停留在嘴巴上喊些口号，而不落实在执行上，也只能是"水中月"、"镜中花"，画饼充饥罢了。

在海尔文化中心里，有一条令人啼笑皆非的口号写在微微发黄的稿纸上："不准在车间随地大小便。"很多人觉得这好像是一个笑话。其实，海尔的崛起正是从这句口号的严格贯彻执行开始的。

1984年底，张瑞敏刚刚到电冰箱厂上任。这是一个濒临倒闭的小厂，产品粗糙，滞销积压，资金匮乏。当年，在他之前有三任厂长都未能在此立足，有的知难而退，有的被工人赶走了。

迎接他的，是53份请调报告，工人们8点上班，9点就走，10点钟全厂就找不到一个人了。工厂管理混乱，人心涣散，迟到旷工、打架斗殴都是家常便饭，甚至在车间抽烟喝酒、随地大小便等恶劣现象比比皆是、随处可见。工人明目张胆地偷窃厂里的财物，连车间窗户都被拆掉当柴烧掉了，几乎没有什么东西是不可以拿回家的。

面对这样一个烂摊子，张瑞敏没有畏惧，也没有退却。因为工人长久发不出工资，他就从朋友那里借来几万元钱，为每位员工发了一个月的工资，解决了员工的燃眉之急。然后，他抛弃原来厂里一人多高的规章制度，重新制定了13条，并把这些制度写成标语贴在车间里。其中包括严禁盗窃工厂财物、严禁打架斗殴、严禁在车间大小便等一系列规定，狠抓落实，谁违反了规章制度就扣工资。

以前海尔也不是没有各种各样好听的口号，但是都没有执行到位，只是大家口头上讲讲罢了，谁也没有动真格的。只有张瑞敏来了，用他那把著名的大铁锤砸碎了76台有缺陷的冰箱，砸碎了脆弱空洞的质量口号，砸出了员工们的执行力意识。

如今，海尔的执行力几乎成了各个企业学习的样板，海尔的OEC管理成为很多人眼中的法宝。正是靠着无可比拟的执行力，海尔走向了世界市场，把竞争对手都远远抛在了后边。

要切实把工作做好，就不要空喊口号，关键在于执行。人们往往被一些激动人心的口号蒙蔽了理智，以为喊了口号就是做了工作。但是，口号喊得再好、再响亮，也只能挂在墙上看看，说在嘴上听听，变不成现实。要想把口号变成业绩，还是离不开执行力。

可惜，很多企业出于急于树形象，或好大喜功等种种目的，往往只注重喊"口号"，在执行上雷声大、雨点小。这样必然导致结果不尽如人意，最终走向失败。

任何工作，仅仅停留在表面的喊口号上而不能有效执行是绝对不行的，成功的关键是在执行上下功夫。因此，不能仅仅只局限于喊口号、搞形式、做样子，更重要的是要高效地贯彻执行，全力以赴地解决问题，把工作做到实处。

作为在企业中的员工，我们要始终牢记：那些只会说空话、喊口号的人，无法有效地贯彻执行领导的要求，纵使口号喊得再响，也做不出什么卓越的业绩，最终也得不到领导的肯定和认可，只有那些执行力强、能够办实事的人，才会得到领导的青睐。

在工作中，小到领导让你去买一根针，大到国家让你研制宇宙飞船，都需要切实地去执行，才能取得应有的效果。空喊口号或许能够赢得别人一时的欢心，但是必然不能长久。说到底，任何一个组织和企业，都是要求成员来做事情的，不是专门听你喊口号的。喊得再响，能比得过喇叭？所以，要想在职场上立足和发展，就必须提高自己的执行力。

◎ 执行不到位，工作犹如"打水漂" ◎

执行到位，就会产生预期的工作结果；执行不到位，结果就可能谬以千里，吃力不讨好。

对于一个企业来讲，没有完美的执行力，便没有竞争力。拥有再长远的战略、再完备的规划，如果执行不到位，那么企业仍将在激烈的市场竞争中处于下风，并最终被淘汰。一个良好的战略只有在完美执行后才能显示其价值，对于一个企业来讲，将既定战略执行到位是成功的关键因素。

布置好并不等于完成好。老板吩咐得再好，如果下属没有不折不扣地把工作落到实处，那么效果也会大打折扣。一项计划、一个目标的完成结果不仅仅取决于事前的考察、设计，更在于执行是否到位。执行不到位，再好的规划和预期，也只能是纸上的蓝图、海市蜃楼。执行不到位，不仅不能达到预期的目标，有时候甚至会南辕北辙，使结果与预期大相径庭。唯有切实地把工作做好，才能完美地体现初衷。员工应该经常反思自己的工作："自己的工作计划是否已经执行到位了？上司的工作方案有没有在执行中走样？"

每一个老板都会对下属有要求，这些要求都会指向明确的结果，每一个企业都会有战略目标，同样地，每一个目标都会有最终的预期。但是，现实的结果往往与目标之间存在很大的差距，要么没有完成任务，要么结果偏离了目标。那么问题出在哪里呢？关键就是执行不到位。执行不到位，还不如不执行；布置得再好，也不等于结果一定出色。

　　对于企业来讲，要实现发展就必须建立一整套与市场相匹配的战略规划，以及和实际操作相结合的内部运作方案，并要下定决心保证方案执行贯彻到位，保证将每一项制度、工作落到实处。美国通用电气在其财务年报里骄傲地宣称，通用公司一旦确定一个策略，便可以在两个月内执行到位，这就是通用公司不断发展壮大的根本原因，这种良好的执行力是值得我国企业学习的。

　　我国某地一家企业因为经营不善，濒临破产，无可奈何地被一家日资企业兼并了。

　　日方派了一位经理来管理，员工以为这位外国经理肯定要大刀阔斧地改革一番，不知道会给工厂带来什么样的先进技术或者设备。令人感到意外的是，这位经理几乎什么也没改变，除了财务部门带来一个日本人以外，其他工人一个也没动。工厂里原先制定的规章制度也没变，就连生产设备也没任何改变。

　　日方经理就一个要求，就是把这个企业先前制定的各项制度、方针、政策坚定不移地贯彻落实下去，执行不到位的员工坚决按照惩罚措施来处理。结果不出一年，企业就实现了扭亏为盈。

布置好是一件很容易做的事情，但是完成好却并不轻松。完成好需要员工有良好的执行力，执行力是把纸上谈兵化成实际战果的唯一纽带。对于身为企业一员的员工来说，不仅要深刻理解公司领导布置的任务，更要在工作中做到执行到位，把老板布置的任务完成好，做一个拥有完美执行力的优秀员工。

任何一项工作、任务的完成，都是执行力发挥作用的结果。没有执行力，再完善的制度也是一纸空文，再理想的目标也是画饼充饥，再正确的政策也只能望梅止渴。对于一个企业而言，战略固然重要，但更重要的还是布置好任务之后确保完成好。

真正有执行力的员工应当把领导布置好的任务完成好，把工作做到位，不折不扣地贯彻落实企业的各项要求。这样，企业之树才能常青，个人在职场上也才能取得一个又一个胜利。

◎ 完美的执行需要善始善终，不能虎头蛇尾 ◎

前期工作做得细致周到，最后的步骤又毫不放松地落到实处，这样的执行才能获得成功。

荷花开放的时候，第一天只开一小部分，到了第二天，它们就会以前一天两倍的速度开放。到了第30天，就开满了整个池塘。很多人认为，到第15天时，荷花会开一半。然而，并非如此。事实是，直到第29天时，荷花才仅仅开满一半，最后一天才会开剩下的一半，让荷花布满整个池塘。可以说，最后一天的速度最快，等于前29天的总和。

古人说的"行百里者半九十"，也是类似的道理。执行的关键往往在最后，最后步骤如果不到位，就会前功尽弃，前面的付出也就白费了。荷花差一天，都不能开满池塘；事情差一步，都会与成功失之交臂。越到最后，事情就越关键、越重要。所以，执行一定不能忽略最后的一步，最后的一步往往才是最关键的，是对结果影响最大的。

执行的关键在于到位，就像我们烧开水一样。前面烧得再旺，如果只烧到99摄氏度就停下来了，那么它仍然只能叫作热水而不能叫作开水，差1度都不行。99度跟100度之间，相差仅仅一度，但却是一个量变到质变的飞跃。要实现完美的执行，就不能忽略最后的步骤。

某位企业家讲了一个自己亲身经历的故事：

在沿海大开放的时期，他应聘到了当地的一家创办不久但已经有了一定影响力的报社。当时那家报社最缺乏的是广告业务，而他上班不久就给单位带来了一份很大的见面礼。他的一位朋友要到这个城市的开发区投资，并计划在当地投放价值总计83万元的广告。在他个人的努力下，朋友最终将这笔业务给了他。因为业绩突出，报社准备提拔他为副社长。

开发区举行奠基仪式那天，他带上社里最优秀的记者和广告部全体人员赶到现场，计划进行大幅度宣传。在奠基仪式结束后，有位朋友邀请他去唱卡拉OK放松一下。盛情难却，再说他也感觉自己的工作基本完成了，已经到了收尾阶段。于是，他向下属交代了一下就去了。那天，他玩到凌晨1点多钟才回家。

但是第二天早上，他就被社长一通训斥。原来，这天他们出版的报纸犯了一个最不应该出现的错误。头版头条的新闻标题本来应该是："某某开发区昨日奠基。"而摆在他面前的大标题却是："某某开发区昨日奠墓。"

当时南方沿海城市的企业都特别重视"彩头"，喜欢吉利的数字和文字，而把"基"写成"墓"，毫无疑问是犯了企业的大忌，更何况这还是开发区项目正式启动的第一天。

结果可想而知，朋友一怒之下取消了83万元的广告订单。不仅如此，报社的声誉也因此受到了很大影响，一些原本准备在这家报纸上投放广告的客户也取消了自己的计划。

本来，他自以为派出的是报社最优秀的记者，可以非常放心。而且他离开之前，还特意请副总编对稿子严格把关。记者的稿子确实写得很好，但他手写的稿件字迹却很潦草，"基"和"墓"看起来非常相似。

稿子到了排版人员那里，他想当然地把"基"字当成了"墓"字。稿子排完版后，交到副总编那里，正赶上副总编家里有急事，于是他只匆匆看了一眼，并没发现这个错误，就签发了。

于是，原本想在那座城市大展宏图的他黯然地告别了自己的梦想。

从表面上看，这位企业家前期工作做得很不错，但是，由于最后一个小环节没有落实到位，不仅"煮熟的鸭子飞了"，而且还给单位的形象和声誉造成了不可挽回的损失。所以说，最后的步骤不到位，前面的执行就是白执行，甚至会带来比不执行还要恶劣的后果。

在执行的过程中，常常会因为相关人员的疏忽大意不能够执行到位，致使之前的努力前功尽弃、功亏一篑。最后，给自己和企业带来巨大的损失，甚至会留下终生的遗憾。

很多人之所以执行不到位，原因往往在于自认为前面的步骤完成得很好，很快就可以万事大吉了，因此心理上放松了，忽略了最后的步骤。最后的步骤之所以重要，是因为只有做好最后一步，成果才会显现出来，少做一分都不行。前期工作做得细致周到，最后的步骤又毫不放松地落到实处，这样的执行才能获得成功。

小陈和小张在同一家酒店的餐饮部实习。

一次，一位住在酒店的客人到餐厅吃饭，菜已经上桌了，他却接到一个电话。之后，他叫住了正在为他服务的小陈。"真不好意思，朋友突然找我有急事，我必须现在就去，菜先放在这里，一会儿我回来再吃。"小陈微笑着点了点头，准备让他走。

这事本来与小张无关，但是，她却走过去，面带微笑诚恳地对客人说："先生，请您放心，我们一定将您的菜留着。不过我们酒店有规定，需要先付账，希望您能理解我们的做法。"

"那好，我去前台签单吧。"客人爽快地答应了下来。然后，她笑容满面地带着客人到前台签了单。

客人出去后，很晚才回来。她就一直等在那里，还通知厨房留一个人值班，等客人一回来，她马上让厨房的人将热好的饭菜给客人端了上来。

不仅是这件事，工作中的每一件事，小张都要求自己做到位。就这样，小张从一个小小的服务员开始，一步步地走了上来，不到30岁就当上了酒店的副总。

在工作中，人们往往都很重视开头。"良好的开始是成功的一半"，工作开始时往往热情高、干劲足，执行起来精力集中，全力以赴。但是，很多人往往坚持不到任务结束，忽略最后步骤的重要性，以至于功败垂成，不能笑到最后。就像大多数飞机事故，往往都发生在着陆的时候一样，执行的最后关头如果出现偏差，很可能使整个工作成果化为乌有。

因此，在职场上行走，我们要时时刻刻告诫自己，完美的执行需要善始善终，不能虎头蛇尾。如果最后步骤执行不到位，前面就是白执行。

◎ 第一次就把工作做好，避免不必要的操劳 ◎

我们做任何事情，都要要求自己一次性地解决，第一次就做对，不要寄希望于下一次，这样才能提高工作效率。

歌德在他的《叙事谣曲》中曾讲过这样一个故事：

耶稣带着他的门徒彼得出门远游，途中发现路上有一块破烂的马蹄铁。耶稣让彼得把它捡起来。彼得懒得弯腰，就假装没听见，没有去捡。耶稣没有再说什么，就自己捡起了那个马蹄铁，用它从铁匠那里换来了 3 文钱，然后又用这 3 文钱买了 18 颗樱桃。

两人继续前行，后来经过一片茫茫的沙漠。这可把彼得渴死了，于是耶稣就故意让口袋中的樱桃掉出一颗。彼得见状，赶紧弯腰捡起来吃掉。

耶稣边走边丢，彼得就跟在耶稣后面捡，这样他也就狼狈地弯了 18 次腰。耶稣对彼得说："如果当初你弯一次腰，就不会有后来的一次又一次弯腰了。"

同样，在我们的工作中，如果我们第一次就把工作做好，那么在后来的工作中就可以避免不必要的操劳，从而使我们的工作节省更多的时间和精力，提高工作效率。所以，在执行过程中我们要一次解决，不要寄希望于下一次。

从前有个小村庄，村里非常缺水，一到下雨的时候，人们就利用各种盆盆罐罐接雨水，否则，就要走很远的路去挑水。

为了解决水源问题，村里的人决定修建一个蓄水池，然后雇人送水，省得村子里每一家都要为用水发愁。盖伊和艾伦自告奋勇地承担了这个工作。

盖伊立刻挑起水桶干了起来，他每日奔波于远处的河流和村庄之间，把水运回村子，然后倒在蓄水池中供村民们使用。他起早贪黑地干着，累得半死。不过，好歹村民们的吃水问题能解决了，盖伊也得到了村民们给的报酬，因此，他对自己的这份工作还是非常满意的。

艾伦自从跟盖伊一样接下这个工作之后就神秘地消失了，整整一个星期，人们都没有看见他的人影儿。大家都觉得艾伦是不是偷懒躲起来了，可是这样他也挣不到钱呀。盖伊则暗地里很开心，少了艾伦这个身强力壮的竞争对手，自己算是"垄断"这个工作了，尽管每天挑水很累，但是能挣到钱总是好的。

那么艾伦到底干什么去了呢？原来，他跑到了几十里外的山里砍竹子去了，竹子砍倒以后，他把它们都打通。一周以后，他拉着一大车打通的竹子回到了村里，请了一位做水车的师傅，在湖边架起一座高高的水车，然后用打通的竹子做管道，就这样建起了一个"自来水"输送系统。清水哗哗地沿着管道通进了水池中，这个干旱的村子彻底告别了缺水的日子。

不仅如此，艾伦还把这些竹子管道接到了其他缺水的村庄。现在他一个人同时为3个村庄送水，赚的钱远远比挑水的盖伊多了。而且他的工作可以说是轻松得多，每天只要按时检查一下水车是否在正常工作和管道有没有漏水就行了。由于艾伦一个人就包揽了输水的工作，盖伊也就失业了。

我们应该从这个例子中得到某些启发，盖伊每天都累得筋疲力尽，日复一日地工作，最后却落得个失业的下场。而艾伦另辟思路，一次性地把问题解决了，从此一劳永逸。在工作中，我们也应该时常问自己："我的工作是在修管道还是在挑水？我是一次性地把问题解决掉，还是日复一日地重复性劳动？"

很显然，就工作效率而言，一次性解决问题是最好的。它能够为我们自己和企业节省下大量的时间和精力。做好一件工作之后，可以没有后顾之忧地进行下面的工作，不再纠结于一个问题。寄希望于下一次，就跟希望今天的事情明天去做一样，是执行力不够的表现。

有些员工因为不能合理安排时间，或者没有动脑筋想办法，没有创造性地去工作。结果，越忙越乱，还没有解决旧问题，就产生了新问题，白白浪费了大量的时间和精力，造成了人力资源的损失。

田兴和李为民两人都是刚刚毕业于某名牌大学的学生，他们进入了同一家公司工作。

　　两个人都是从基层开始做起，两个年轻人都想做出点成绩，因此都铆足了劲儿。不过两个人还是有些不同的。田兴的工作按部就班，从不多动脑子，只是一味地埋头苦干，每天除了工作就是工作，起早贪黑，好像总有忙不完的事，周末还常常自动留下来加班，但遗憾的是工作业绩平平。比如说，领导要一份报表，为了一个次品率，他就要跑三次车间，用了半天工夫，最后得出的结果还只能说是"接近"而不是"准确"。

　　李为民则不同，他的想法和做事的方式从不墨守成规。他总是喜欢"偷懒"，能一次干完的事情绝不用两次。别人两小时完成的任务，他就要想办法争取一个小时完成。用他自己的话说，他做事习惯"ONE TAKE"，从来都是一次解决，不喜欢寄希望于下一次。就这样，领导交给他的任务，他每次都能干净利落地完成。

　　一年后，李为民被委以重任，成为公司里的骨干人员，而田兴只获得象征性的加薪。

　　人们习惯认为"老黄牛"式的员工就是好员工。确实，同样的工作方式，一定是勤奋肯干的员工做出的成绩更多，但是有些人往往不注重工作方式、方法，而一味埋头苦干。事实上，"努力"工作的人并不一定能做出好的成绩，也不一定会受到上司的赏识。工作成绩长，不代表业绩突出；付出的劳动多，收获却不一定多。我们的工作最重要的是要保障效率，保障工作业绩。

　　成功没有下一次机会，很多时候，机遇只有一次，第一次没有把事情做好，就不会再有第二次机会弥补了。如果第一次失败了，下一次也不见得就

235

能做好。工作中，对自己一定要严格要求，做任何事情，都要要求自己一次性地解决，第一次就做对，不要寄希望于下一次，这样才能提高工作效率和获得机遇。

第十四章 ／ 追求卓越
有精益求精的责任感，超越就没有难度

> 成功的最好方法，就是在做事的时候抱着精益求精的态度。
> 优秀源于对"精"的追求，一个人有了"精"的理念，就会有
> "精"的目标、"精"的行动，就一定会出成果、出精品，最终
> 赢得事业上的成功，成为最卓越的员工。

◎ 1%的差距不是一步之遥，而是天壤之别 ◎

要想在职场上脱颖而出，就不能满足于99%，不能忽略微不足道的1%。因为它或许正是决定成败的关键因素。

在工作中，我们常常会听到这样的说法："我是个新手，把活儿做成这样就不错了。""这套模具加工完成后，跟图纸要求的误差很小，也算可以了。""今天加工了300个零件，才出了10个次品，在车间里我是技术最高的了，哈哈！"

在数学上，如果100分是满分，那么差1分就是99分，这也是响当当的高分了；但是在工作中，有时候仅仅差1分结果却等于0。在客户服务

中有这样一个公式：99％的努力 +1％的失误 =0％的满意度。也就是说，纵然你付出 99％的努力去服务于客户，去赢得客户的满意，但只要有 1％的失误，就会令客户产生不满；如果这 1％的失误，正是客户极为重视的，就会使你前功尽弃，以往 99％的努力将付诸东流，最终失去这个客户。

99％不等于完美，企业要想在商场上无往而不利，个人要想在职场上脱颖而出，就不能满足于 99％，不能忽略那个看起来微不足道的 1％。这个 1％，或许正是平庸与精英、失败与成功之间的根本区别。

摩托罗拉公司历来非常注重产品的质量，力求使自己的产品达到零缺陷。为此，公司派出了很多考察小组，学习各个工厂的先进经验，并且雇用了一批专门"吹毛求疵"的人来对产品质量进行严格把关，结果使产品合格率达到了 99％以上。很多人都觉得可以了，但摩托罗拉高层仍不满意，他们继续想办法提高。

后来，公司高层给所有的摩托罗拉员工都发了一张小卡片，上面标示着公司的新目标：今后公司所生产的手持设备的合格率要达到 99.997％。包括他们公司的某些员工在内，很多人认为这是一个不可能完成的任务。

为此，公司专门制作了一盒录像带，解释为什么 99％的合格率仍然达不到要求。录像带里说明，在美国，如果每个人都满足于自己的工作成果达到 99％的要求，而不是追求更高，那么：

每年大约会有 11.45 万双不成对的鞋被船运走；

每年大约会有 25077 份文件被美国税务局弄错或弄丢；

每年大约会有 2 万个处方被误开；

每天大约将有 3056 份《华尔街日报》内容残缺不全；

每天大约会有 12 个新生儿被错交到其他婴儿的父母手中。

更严重的是，如果是对于将性命托付给摩托罗拉无线电话的警察而言，1%的产品缺陷率也许恰恰是致命的危害。

摩托罗拉人都被深深震撼了，他们带着强烈的责任感继续努力地工作着，终于超越了这个接近完美的 99%。高品质的产品还使得摩托罗拉减掉了昂贵的零件修复与替换费用，仅此一项就节省了数额庞大的资金。

后来，摩托罗拉还获得了一个在美国企业界深孚众望、含金量巨大的奖项——美国国家品质奖，对于这个奖项，摩托罗拉是实至名归。

不论是个人还是企业，如果满足于 99%的工作成绩，那么就会把自己放在一个看似很美实际上却很危险的境地里，那个被忽略的 1%，也许正是压垮骆驼的最后一根稻草。只有不满足于 99%，才能激发出更大的潜力，才是真正对工作结果负责任。

摩托罗拉在产品合格率达到 99%的时候，没有满足，而是提出了更高的目标。摩托罗拉人用自己的责任感和使命感造福了社会，同时自己也获得了丰厚的回报。

工作上每个人的岗位虽然有所不同，职责也有所差别，但任何工作对责任和工作结果的要求都是一样的。每个老板也都希望自己的员工能够把工作做到完美，而不是躺在 99%的功劳簿上睡大觉，1%的差距绝不是一步之遥，而是发展与没落的分水岭。那些卓越的精英与普通员工之间的差别，往往就在于这个微不足道的 1%，他们绝不会满足于把工作做到 99%，他们追求的是完美无缺的工作结果，是最大化的工作业绩。

第二次世界大战中期，美国伞兵在战争中扮演了重要角色。当时，为了提高降落伞的安全性，美国空军军方要求降落伞制造商必须保证100%的产品合格率。但是降落伞制造商一再强调对于工业产品来说，99.9%的合格率已经够好了，任何产品也不可能达到100%，除非这项工作由上帝来干。

军方非常愤怒，因为0.1%的缺陷率就等于说，每1000个士兵中就有可能有1个士兵为此付出生命代价，这对数量庞大的美国伞兵而言，意味着大量鲜活生命的消失。于是，在交涉不成功的情况下，美国军方决定从每一周交货的降落伞中随机挑出一个，让降落伞制造商负责人穿上，亲自从飞机上跳下，来检查产品质量。

奇迹发生了，降落伞的合格率竟然突破了那个微小的0.1%，达到了100%。

只有在体会到了切实的生命威胁之后，厂商才终于意识到100%合格率的重要性，才激发出真正的责任感，从而创造了奇迹，为盟军的胜利做出了巨大的贡献。

不怕做不到，就怕想不到，或者虽然想到了但是没有足够的责任感而不去做。毋庸置疑，满足于99%的工作态度，经常会使工作中的诸多努力化为乌有，导致失败。这与完美的工作结果之间隔着一条巨大的鸿沟。只有对待工作永不止步，追求完美，才是真正负责任的态度；也只有拥有这样的责任感，我们才能最大限度地激发自己的潜能，突破自己的瓶颈，使自己的能力和业绩更上一层楼。

那些以做到99%为满足的员工，他们的责任心是远远不够的。不能把任务做到完美，也就不会得到老板完全的肯定和信任，也绝不会有太大的成就。

其实，很多人距离成功只有一步之遥，总过不去 1% 这个坎儿，就总是山重水复。只有真正做到对结果负责，把工作做到完美，才能在职场的转角处见到柳暗花明。

◎ 做些分外工作，会有意外收获 ◎

真正负责任的员工总是甘愿做分外的事情，正是这种责任感成就了他们努力拼搏的进取心，照亮了成功之路。

许多人满足于把老板交代的事情办好，把自己分内的事情办好，认为这样就是一个优秀的员工了。其实，做好自己的分内工作是一个职员应该承担的基本责任，但要想超越责任做到卓越，仅仅满足于承担分内的责任是不够的。

在职场中工作，不要把老板交给自己的任务作为标尺，否则会限制了自己的主动性和积极性，把自己关在"分内"的牢笼里。这样既不利于自己的成长进步，也不利于企业的发展壮大。

任何一个有进取心的人，都不会介意在做好自己分内事情的同时，尽自己所能每天多做一些分外的事情。一个优秀的员工，只要与工作相关，只要事关公司利益，无论是分内的还是分外的工作，都会努力做好，从不去计较自己额外的工作会不会得到相应的报酬。然而，付出总有回报，他们多做了一些事，多给公司创造了效益，最终他们会得到比他人更多的成功机会。

邢志东刚刚毕业就来到一家机械加工厂工作，他的任务是制图。但他常常在完成了自己的制图工作之后去车间做些力所能及的事情，以争取尽快地熟悉整个生产工艺和流程。

工作了一个月之后，他发现压铸车间生产的产品存在一些微小的瑕疵：很多铸件内部存在小米粒大小的气泡。如果不加以改进的话，客户很快就会因发现这些瑕疵而大量退货，这样工厂将会有很大的损失。

于是，他找到了负责操作压铸机的工人，向他指出了问题。这位工人却说，自己是遵从工程师的要求严格按照规范动作操作的，如果是压铸技术有问题，工程师一定会跟自己说的。但是现在还没有哪一位工程师质疑他的操作技术，所以他认为自己的工作是不存在任何问题的。

邢志东只好又找到了负责技术的工程师，对工程师提出了他发现的问题。工程师很自信地说："我们的技术是经过专家指导和多次试验的，怎么可能会有这样的问题？"工程师并没有重视他说的话，转而就把这件事抛到了脑后。

但是邢志东认为这是个严重的问题，于是拿着有气泡的产品找到了公司的总工程师。结果总工程师只看了一眼，就发现了问题。但是，他考虑了一会儿，也没想出到底是哪里出了问题。于是，他请邢志东跟他一起检查一下整个生产流程。

总工程师带着邢志东来到车间，从原料冶炼开始检查，最后发现，原来是压铸机的一段液压油管有渗漏的现象，从而导致压力下降，产品内部出现了微小的气泡。更换了油管之后，产品果然没有瑕疵了。

经过这件事情之后，总工程师马上提拔邢志东做了自己的助手。从一个小小的制图员一下子成了厂里的骨干人员，有些人觉得邢志东只是发现了一个气泡，用不着这么小题大做。结果总工程师不无感慨地说："我们公司并不缺少工程师，更不缺少制图员，但是我们缺少的是主动去做分外工作的员工。邢志东在完成自己的本职工作以外，还能发现产品问题，这个问题连本应该负责技术监督的工程师都没有发现。对于一个企业来讲，能主动承担分外事情的人才，是值得我们大力培养的。"

但凡有大成就的人，都存在着一个共同的特点，那就是拥有强烈的责任感。他们不仅不满足于仅仅做好自己的本职工作，还总是积极主动地去承担起更多分外的事情。正是因为有了这种责任感，他们的能力才会得到快速提高，他们发挥自己才能的平台也不断得到扩展。这些能够主动承担更多责任的人，也必然能够成为组织欢迎的人，在工作中获得更多的发展机会。

能力永远需要责任来承载，只有主动承担责任，才华才能够更完美地展现，能力才能更快地提升，才能赢取更多的发展机会。如果你是一块金子，那么只有承担更多的责任，才能磨砺出更耀眼的光芒。

雅雯在一家外企担任文秘工作，她的日常工作就是重复地整理、撰写和打印一些材料，枯燥而乏味。但是，雅雯还是很认真地对待自己的工作，丝毫没有掉以轻心，也不觉得这份工作没有任何乐趣和前途。

雅雯由于整天接触公司的各种重要文件，她就有意识地关注自己工作以外的事情。后来她发现公司在一些运作方面存在着问题。于是，除了完成每日必须要做的工作，雅雯还开始搜集关于公司操作流程方面的资料，并作出了一份更加合理完美的操作流程建议提交给了老板。

老板详细地看了一遍这份材料后，对这个建议非常地赞赏，并很快在公司里实行。结果发现，这一流程大大提高了公司的运作效率，同事们对雅雯也是刮目相看。

不到一年的时间，雅雯就被任命为老板的助理。遇到什么大的事情，老板总会征询雅雯的意见，并让她参与决策，对她十分倚重。

责任感是最能激发个人潜在能力的灵丹妙药，责任感也最能帮助人们培养克服困难的勇气和解决问题的能力，使人不断地挑战自我，积极主动地开展工作，出色地完成各项工作任务，给自己创造更广阔的职场空间。

在某些员工的印象里，工作好像有分内和分外的差别，他们满足于做好自己的分内之事，分外的事情从来都是"事不关己，高高挂起"。其实，工作责任是没有严格界限的。

真正负责任的员工总是善于承担分外的事情，他们认为这是自己该做的，自己有义务为团队贡献更多的力量。正是这种责任感，成就了他们努力拼搏的进取心与积极高涨的工作热情。在老板眼中，这样的员工是物超所值的，所以当更多的机会来临时，老板是不吝于优先考虑他们的。所以，在职场上行走，要勇于承担分外的工作，让金子的光芒更加耀眼，从而照亮自己的职场成功之路。

◎ 超过上级的期望，你绝对不会失望 ◎

如果你现在还没有得到老板的器重，你应当问问自己：我有没有超过老板的期望？

有这样一种常见的现象：不少员工都把老板放在了与自己相对的位置上，将工作和酬劳算计得一清二楚、明明白白，拿多少薪水就做多少事，不愿多付出一丝努力，不愿多承担一点儿责任，做一天和尚撞一天钟，从来不会给老板带来一点"惊喜"。

每名员工在团队中都承担着一定的工作。作为团队中的一员，应该想方设法地为团队多出一点力，多创造效益，成为团队中不可或缺的人才。只有做事超过老板的预期，才能得到老板的欣赏和团队的认可。如果对工作只是敷衍应付或者仅仅满足于做好分内之事，那么，由于你对团队的贡献不算大，因而也就算不上是不可替代的员工。

企业不是福利院，企业要生存发展，需要靠员工不断地创造效益，需要团队成员之间团结协作。每个人都要竭尽全力为团队贡献自己的力量，只有整个企业发展了，个人才能得到更好的发展。

有一个女孩叫张春丽，她19岁那年因家境贫寒而放弃了上大学的机会。为了改变家庭的经济状况，她只身前往深圳，投靠在深圳打工的表哥，成为某电子公司的一名普通女工。

张春丽是个不服输、不甘人后的女孩，她从走上流水线的第一天起，就暗暗告诉自己："过去不能改变，但一定要努力改变现状。""要做就做到最好，在什么岗位都要超过领导的期望！"她希望用自己的勤奋和责任赢得更广阔的发展空间，从而改变自己的命运。

她非常珍惜自己的工作机会，从没有因为自己从事的是一种简单劳动而放松自我要求。她用最短的时间掌握了流水线岗位的操作技能，遇到脏活、累活、苦活，总是不等领导吩咐就主动承担，总是抢在同事们的前头。很快，张春丽吃苦耐劳、认真负责的工作态度，得到了公司领导和同事的认可。工作一年后，领导将其从生产流水线调入人事部门，实现了她职场上第一次"鲤鱼跳龙门"。

张春丽刚上任时，为了尽快适应岗位的需要，她每天都要加班到凌晨。她经常虚心地向同事和领导请教，前任主管时常在深夜还要被她电话"骚扰"。不久，她发现公司的薪酬制度不够完善，导致某些员工浑水摸鱼。于是，她编制完善了新的公司薪酬管理制度，重新建立了适应公司运营的薪酬体系；另外，她还根据公司运作的要求和外部市场行情，制订了对骨干员工的中长期激励计划。

新的薪酬体系有效地打破了该企业原来存在的平均主义大锅饭的单一分配体制，既照顾到了公司内部薪酬的阶梯性，让员工看到了希望，得到了激励，又保证了薪资水平的对外竞争优势。因此，这项制度在公司当年的职工代表大会上获得一致通过，并在一年的实施中取得了明显的成效，给整个企业带来了可喜的变化，创造了巨大的效益。这让老板非常惊喜，从此对她更加信任和器重了。

张春丽的成功，在于她能在自己的岗位上作出超出岗位职责的业绩，总是能超出老板的期望，给老板带来一个个惊喜。所以，当她为公司做出了巨大贡献的时候，她自己也赢得了先机和主动。

　　身在职场，绝不能做"按钮式"的员工，满足于老板安排做什么就做什么，老板要求做到什么程度就做到什么程度。真正聪明且有责任心的人，总是用比老板的要求更加严格的标准来要求自己。老板要他完成某项工作，他会比老板期望的做得更好，每次工作都给老板一个"惊喜"。这样的人，往往能够成为老板眼中有价值、有含金量的员工。当然，老板在适当的时候也会回报给他同样的"惊喜"。

　　某大型贸易公司要招聘一名员工，公司的人力资源部主管对应聘者进行了面试。他提出了一个看似很简单的选择题：

　　天气非常干旱，老板安排你挑水上山一趟，去浇公司种下的果树。如果一次挑两桶水，你虽然能够做到，不过会非常吃力、非常劳累。如果只挑一桶水上山，你会很轻松地完成任务。你会选哪一个？

　　许多人都选了第二个。

　　这时，人力资源部主管问道："虽然老板没有要求你一定要挑两桶水，但是既然你能挑两桶，干吗只挑一桶呢？你只挑一桶水上山，能够缓解果树的旱情吗？"很遗憾，许多人都没有想过这个问题，他们最终也没能通过面试。

　　人力资源部主管这样解释："一个人有能力或通过努力就能够做好超出自己责任的工作，可他却不想这么做，这样的人责任意识比较淡薄，不能为企业带来最大的效益。我们希望自己的员工都具有强烈的责任心，做出超出责任范围的业绩来。"

在任何一家企业，老板器重的都是那些能够做出不断超出他期望的业绩的员工，那些员工能够为企业带来更大的利益，能够为团队带来更强的战斗力。

记住：老板在为你安排工作时，一定会充分考虑到你的能力。如果你总是能超越老板的期望，不断带给他"惊喜"，那么在老板的眼中，你就是一个性价比高、有能力、有责任心的员工。对于这样的员工，他除了会给你高额的回报以外，还会创造种种条件，让你有更广阔的舞台发挥才能，为你提供更宽广的展示自己的平台。

◎ 精益求精，把"差不多"丢进垃圾桶 ◎

工作中没有差不多，只有可以与不可以，好或者更好。

古希腊著名哲学家苏格拉底曾说："人生最快乐的事，莫过于为梦想而奋斗。"既然选择了这份工作，就应该尽全力去做好，不然，当初为什么要选择这份工作？工作就是要精益求精、反复雕琢，这样，我们才能避免错误，把工作做好，我们才能在这种严格的要求中取得新的进步。

本田轿车进入中国后，开始是与广州某汽车企业合作。当时生产汽车的方式是将原装的零部件运送到广州，然后在本地进行组装和调试，出场后直接进入国内市场销售，或者从中国部分出口。

问题就出现在组装上面。当第一批轿车下线以后，本来可以达到时速180公里的轿车，没想到刚跑到时速140公里时就开始剧烈地抖动，给人的感觉就是马上要散架了。这样的问题简直太严重了，中方公司一看吓坏了，赶紧给日方公司发传真，不仅说明了情况，而且很严肃地通知对方，车的质量不过关。

日方公司马上派了一个工程师和5个组装工过来。为了验证一下零部件的质量问题，他们亲自在中方的库房里组装好一部车，然后开出来进行了全面的测试。结果，所有指标都达到了标准。

这是怎么回事？为什么同样的东西装出来会不一样呢？原来问题出在螺丝的安装上面。原来螺丝的包装袋上面都有详细的使用说明，安装时要拧38圈半。而安装工人没有注意到那些日文说明，而是按照自己的经验拧上去差不多就行了。他们在上螺丝的时候没有看说明，拿过来就拧，拧不动了就不拧了。检查那些安装好的螺丝发现，有的少拧了一圈，有的少拧了半圈，合格的螺丝几乎没有。

日方派来的组装工都是严格按照各项组装说明操作的，车的设计水平完全体现了出来，质量自然就大不一样了。

两个公司的工人表现出两种工作态度，一个是"差不多"，一个是要"完美"。虽然劳动的强度没有什么区别，但是劳动成果却大不一样，真是"失之毫厘，谬以千里"。

德国人是出了名的精益求精，这也是为什么德国人制造精密仪器的技术领先全球。在墙上钉一幅画，德国人通常会拿尺子量，以确定钉子的具体位置。但在我们大多数人眼里，用尺子量显然是个笨办法，仅仅用目测就可以差不多弄好，为什么还要用尺子呢？

　　这种思想出现在实际工作中，就表现为马马虎虎、得过且过，对一些深入的问题懒得思考，对隐患不去避免，总觉得问题"差不多"解决了就行，就算能够做得更好也不会去做。

　　日本企业的严格是有名的，日本轿车更是以设计精确而著称。日本的轿车进入中国以后，随着市场的不断扩大，逐渐由整车进口发展到合作生产。就在这个过程中，两国的汽车企业经过了一段技术上的磨合，而这种磨合就实实在在地体现出了差距。

　　很多职场新人工作的时候，总是认为把工作做得差不多就可以了，但实际上，把工作做得差不多还远远不够。如果想让自己在工作中取得更大的成就，就要严格要求自己，要精益求精，尽量把工作做得完美。

　　完美是一个绝对的概念，也是一个相对的概念，绝对的完美不存在，但是相对的完美我们是能够达到的。每一次进步，相对进步之前就是完美的，之前的水平成为了"差不多"；每一次改正，相对改正前就是完美的，之前的错误就是"差不多"。追求完美实际上就是一个精益求精的过程。

　　艺术家在创作的时候，总是不断地修改自己的作品，直到达到心中完美的结果。工作的过程也是一个创作的过程，和艺术家创作的时候一样，都需要一种精益求精的精神。没有最好的，只有更好的。只有把脚下的每一步尽可能地走好，把自己岗位的工作做到位，才能不断地提高自己，事业才能取得长远的发展。

有这样一家木材公司，它的经营项目是成批地进口木材，然后在国内市场批发销售或者零售。有一次，老板因为上了一个经销商的当，承接了一批以次充好的木材。这批木材的数量之多，几乎花费了公司的全部流动资金，因此，木材的销售情况直接关系到公司的生存和发展。

就在这笔生意谈判的过程中，这批木材的质量问题被公司的一个职员发现了。这个职员是木材加工专业的毕业生，他对木材的专业知识还是略懂一二的。但是他平时工作并不积极，将本职岗位的工作做得马马虎虎，和自己岗位没关系的事情干脆就不闻不问。

当他看到这批木材后，很快就发现了其中的问题。由于劣质木材中还有个别的好木材，当他看到有好木材，就把劣质木材给忽略了。"有点毛病就有点毛病吧，不是还有能用的吗？差不多就行了。"就这样，他选择了沉默。

这笔生意最后还是成交了，当木材公司将这批木材在国内销售的时候，才发现木材有严重的质量问题，结果几乎卖不出去。这次的损失让木材公司几乎倒闭。事情发生后，那个职员不仅没有及时地总结自己的问题，还在背后议论这件事："其实，我早就发现这批木材有问题，可是里面还是有没问题的木材，我也没仔细数哪个多哪个少，反正有能用的，差不多就行了。"

这个职员的议论传到了老板的耳朵里。老板非常气愤，虽然这次的损失不是由这个职员造成的，但是他完全有能力阻止这件事情的发生，身为公司的一员，避免公司受到损失应该是一件义不容辞的事情。这样一个做事不认真、干什么都马马虎虎的人，即使他在专业上很有能力，但是他的能力不能够为公司做出贡献，那么这些能力还有什么意义呢？因此，老板果断地解雇了他。

看过上面的例子，再看看我们周围的人，甚至想想我们自己过去做事的点点滴滴，是不是或多或少都能找到木材公司职员的影子？每个企业都存在这样的员工，他们每天按时打卡，准时出现在办公室，但是却没有及时完成工作；每天早出晚归、忙忙碌碌，却不愿意把工作做得精益求精。对他们来说，工作的目的就是"差不多"就行了。

追求完美是一个坚持不懈的过程，追求完美不能停留在口头上，我们首先应从自己做起、从现在做起，改掉"差不多"的毛病，努力把自己的本职工作做得比昨天更好，然后才能做到比别人更好。做事就要做到精益求精，把那种"差不多"的思想彻底地丢到垃圾桶，不要让这种思想耽误了目前的工作，更不能耽误将来的事业。

◎ 把工作做到最好，你就无可取代 ◎

把任何工作都做到最好，那你自然就会是无可争议的最好员工。

工作不努力，会使工作效果大打折扣甚至劳而无功。身在职场的你，是否曾有过这样的经历：在工作时，没有全力以赴地把事情做到百分之百，自己认为没什么大不了，可结果却和自己想得大相径庭。表面看起来，你也是在不停地付出、忙碌，但是这种忙，却没有忙出完美的效果。

今天这个时代，职场生活已经融入我们的整个人生历程之中，我们对待自己的工作，不能把它仅仅当作谋利的工具，而应该与自己的人生追求和生命价值紧紧联系在一起。因此，打造我们百分百的行动力，是实现我们人生价值的重要组成部分。

很多人从默默无闻的基层工作者，变成一鸣惊人的职场"明星"；很多人从一贫如洗变成万众瞩目的成功人士。他们并不比别人更加幸运或者聪明，甚至他们中的很多人身世坎坷、命运多舛，受尽了磨难，他们的成功有一个共同的秘诀：做到最好。无论什么工作，他们都用百分百的努力去做，把它做到最好。

艾伦·纽哈斯两岁丧父，寡母用尽一切努力维持生计。艾伦在 10 多岁的时候，利用假期在南达科他州祖父的农场里，开始了他的第一份工作：赤手去捡牧场上的牛粪饼！

这份又脏又累的工作一般人都不愿意做，小艾伦自己也是非常希望做放马的工作的，但是祖父却安排了他去捡牛粪饼。尽管这看上去并不算一份像样的工作，但他依然很认真地在做，并取得了很大的成绩。仅仅一个假期，祖父的储草间里就堆满了他的工作成果。

一年后，又到了假期打工的时候了，艾伦的祖母开着福特车来接他，并告诉他，因为去年夏天他捡牛粪时表现得极其出色，他的祖父将要把他想要的放马工作交给他。这样，他在工作岗位上得到了第一次提升，这使得他很开心。只要把手头的工作百分百地做好，就一定能慢慢实现自己的理想，这个信念开始在他的脑袋中生根发芽。

后来，艾伦成为南达科他州一名每星期挣 1 美元的肉铺帮工。这份工作在别人看来仍然是很脏、很累的，但是艾伦却没有嫌弃，因为这比起他以前捡牛粪饼的工作好多了。他努力做好肉铺师傅下达的每项任务，让他切肉就切肉，让他剁骨头就剁骨头，他把一切工作都做得很完美。

也正因为他的这种把事情做到完美的工作态度，不久后的一次机遇让他成为美联社的一个实习生。再后来，他成为了每星期挣 50 美元的美联社记者。把工作做到百分百，也成为艾伦工作的信条。很多年过去了，他成了加内特报业集团的首席执行官，并把该公司变成了美国最大的报业集团，他的年薪也达到了 150 多万美元。

艾伦·纽哈斯后来创办了美国第一家全国性的报纸，也是全美国模仿最多、阅读面最广的报纸：《今日美国》。回想起童年的生涯，他感叹道："要做就做到最好，这种百分之百的执行力改变了我一生的命运。"

任何事情，只有做到 100% 才是完美，99% 都不行。同样的规章制度、同样的机器设备，为什么有的企业发展壮大了，而有些企业却关门大吉了？其实成功和失败之间最大的差别，恰恰就在于执行能否到位。企业的兴衰与每一个员工的执行力有着密不可分的联系，员工百分百的执行力才是企业高速发展的根本助推力。

打造个人百分百的执行力，做到最好，是一种对待职业的神圣使命感，是一种负责敬业的职业精神，是一种完美的执行素养，也是个人与企业实现双赢的最佳纽带。积极而有成效的行动不仅会让你收获一个完美的工作结果，更会让你增加自信和成就感，从而产生心理上的良性循环，让你保持持久的动力。

贝蒂是一位房地产推销员，她工作十分出色。她不像其他推销员一样，仅仅把房子卖出去就万事大吉了。尽管已经卖出了房子，她仍然会给顾客们更多的服务，虽然那看起来已经不是她的工作范围了。

在顾客入住新房子之前，她会去了解供水供电是否正常，以确保顾客的正常生活不受影响。她熟知当地学校和教师的情况，甚至叫得出一些老师的名字，于是她给顾客提供意见，为他们的孩子转入新学校作一些参考。她还能精确地说出附近的交通状况，等等。她知道刚搬家时顾客做饭还不方便，因此每当新住户搬进新居，她都会准备一份礼物，并在住户入住的第一天与他们共享一顿晚餐。她还介绍新来者加入社区的俱乐部，把新住户介绍给邻居们。

这些听起来不可思议，但贝蒂做到了，她从各个方面尽力帮助新住户迅速融入社区生活。结果，顾客们在买了房子之后，仍然愿意找她帮忙解决问题。他们觉得贝蒂不仅仅是个卖房子的销售员，更是能帮助他们更快乐地生活的好朋友。可想而知，贝蒂的业绩在口碑相传之下，自然是芝麻开花节节高了。

优胜劣汰的丛林法则也同样适用于职场，多少人成为竞争中黯然退场的失意者。我们要在这个激烈的经济社会中站稳脚跟并不断前行，成为时代的领跑者，就必须要使自己拥有克敌制胜的资本。这个资本，就是工作中完美的执行力，百分百的执行力！把任何工作都做到最好，那么就永远不会有人能占据你的位置，就永远不会被超越、被淘汰。

在工作中，我们一定要严格要求自己，任何事情，要么不做，要做就做到最好。接受一项任务，就要全力以赴，用百分之百的执行力把它完成好。把任何工作都做到最好，那你在竞争中自然就会是那个无可争议的最好的员工。

一分耕耘，一分收获，成功不是单靠上天带来的运气，也不是靠老板善意的施舍，而是靠自己的打拼努力。无论你从事什么样的工作，也无论你从事哪个行业，只要你能坚持不懈地把任何事情都做到最好，你终将能够获得成功。